꿈과 사랑 그리고 삶
# 그 속에 내가 있었네

## 그 속에 내가 있었네

2025년 3월 29일 초판 1쇄 인쇄 발행

지 은 이 | 윤홍기
펴 낸 이 | 박종래
펴 낸 곳 | 도서출판 명성서림

등록번호 | 301-2014-013
주　　소 | 04625 서울시 중구 필동로 6 (2, 3층)
대표전화 | 02)2277-2800
팩　　스 | 02)2277-8945
이 메 일 | msprint8944@naver.com

값 20,000원
ISBN 979-11-94200-79-6

※ 잘못된 책은 교환해 드립니다.
※ 이 책 내용의 일부 또는 전부를 재사용하려면 반드시 저작권자의 동의를 얻어야 합니다.

꿈과 사랑 그리고 삶
# 그 속에 내가 있었네

이정 윤홍기

도서
출판 명성서림

## 프롤로그

'기록이 곧 역사다'라는 말이 있다. 국가 기록만이 역사가 아니고 기업 활동이나 개인의 삶의 기록도 그 나름의 역사다.

역사가 '과거와 현재 사이의 끊임없는 대화'라고 한다면 과거의 사실을 기록한다는 것은 매우 중요한 일이 되고, '기록의 중요성'을 새삼 깨닫게 한다.

그런 의미에서 나의 지나온 인생을 되돌아보고 소중한 경험과 삶의 흔적을 기록으로 남겨 후손들에게 남겨주는 것도 물질적 유산 못지않게 가치 있는 정신적 유산이리라.

문득, 2년 전 내가 자서전 쓰기를 결심하고 맨 처음 책상 앞에 앉았던 때가 생각난다. 가만히 눈을 감고 지난날을 회상해 본다.

할머니와 부모님 밑에서 누나들과 단란하게 지내던 고향집이 눈가에 맴돌고, 깨복쟁이 친구들과 철없이 뛰놀던 유년 시절, 중·고등학교 사춘기를 지나 꿈과 야망의 대학 시절이 스쳐 지나간다.

이어서 사회 첫발을 내딛던 순간과 신혼생활 중에 있었던 갖가지 추억들이 주마등처럼 펼쳐진다.

그러나 아련한 나의 회상은 딱 여기까지다. 자녀들이 태어나고 본격적인 직장생활을 하는 대목에 이르러서는 가장으로서 책임과 의무가 따르는 긴장감으로 눈이 절로 떠져 의자를 당겨 앉았다. 이후의 삶은 한가롭게 돌아보고 있을 수만은 없기 때문이다.

광복 직후 세계 최빈국이던 우리나라가 오늘날 10대 경제 대국으로 성장하는 과정을 함께 하면서, 나 역시 주어진 일상에 충실하며 인생길을 따라 한참을 걷다 보니 어느덧 고희古稀를 훌쩍 넘어 희수喜壽를 바라보게 되었다. 그리고 내년 12월 20일이면 우리 부부의 결혼 50주년 금혼식金婚式을 맞게 된다.

그러고 보니 참으로 만감이 교차한다. 우선 몸 상태가 예전 같지 않아 근력이 떨어지고 가끔 힘에 부치는 것을 느낀다. 기억력도 점점 감퇴되고 혼자 있고 싶을 때가 많아진다. 동년배의 지인이 먼저 저세상으로 떠나는 충격적인 소식도 들린다.

나는 이 자서전에서 내가 이 세상에 태어나 지금까지 격변의 시대를 살아오면서 경험한 갖가지 사연들을 진솔하게 담아내 보고자 노력하였다.

그러므로 이 책이 나의 지인들에게는 우리가 함께했던 소중한 인연을 상기시켜 주고, 잠시나마 그 옛날 추억 속에 잠겨 즐거운 한때를 보낼 수 있게 해준다면 더 바랄 것이 없겠다.

또한, 한평생 동고동락해 온 아내에게 작은 선물이 되고, 자녀들과 사위·며느리들에게는 이세상을 살아가는데 뭔가 도움이 되길 바라며, 사랑스러운 손자·손녀들과 먼 훗날의 후손들까지도 이 자서전을 기꺼이 읽어 보게 된다면 더없는 기쁨이겠다.

           2025년 초봄  이정 윤홍기

| 차례 |

프롤로그 • 4

에필로그 • 274


### 제1부 배움의 길을 따라

1. 수려한 고향 산천 • 11
2. 들에 핀 야생화처럼 • 18
3. 꿈과 야망의 세월 • 33
4. 보라매와 가톨릭 • 52


### 제2부 삶의 여정에서

1. 생존의 길 • 61
2. 증권시장의 파숫꾼 • 71
3. 재충전의 시간 • 87
4. 세계는 넓다 • 96


### 제3부 따뜻한 남쪽 나라

1. 귀향의 보람 • 111
2. 고향 생각 • 130
3. 행복했던 전원 생활 • 139
4. 황혼의 언덕에 서서 • 143

## 제4부 가이없는 마음의 길

1. 취미와 여가 생활 • 151
2. 문화 탐방 • 162
3. 에움길 단상 • 175
4. 자작 한시 • 188

## 제5부 이정耳亭을 말한다

- 우리나라에 'IR'개념을 최초로 소개한 사람 • 219
- 우리가 함께한 시간은 행복했습니다 • 221
- 의리와 긍정의 심볼, 멋을 아는 남자 • 223
- 영원한 나의 친구, 참 좋은 친구 • 225
- 한결같은 삼총사 • 227
- Demarketing적인 리더십으로 살아온 친구 • 231
- 소통의 달인, 우리 회장님 • 234
- 활달하고 친화력 강한 의리파 • 236
- 값진 세월 짧은 순간 • 239
- 모범적인 삶을 솔선수범하신 영원한 멘토님 • 241

## 제6부 뿌리를 찾아서

1. 조상의 숨결 • 245
2. 우리 집안 가계도 • 249
3. 처가 풍산 홍씨 • 254
4. 아버지의 유산 • 256
5. 나의 배우자 • 262
6. 사랑하는 보물들에게 • 269

## 제1부

# 배움의 길을 따라

여귀산에서 본 고향 죽림마을 ▲

1. 수려한 고향 산천
2. 들에 핀 야생화처럼
3. 꿈과 야망의 세월
4. 보라매와 가톨릭

# 1. 수려한 고향 산천

**여귀산과 갯샘**

나는 한반도의 끝자락 최서남단의 보배섬 전남 진도군 임회면 죽림리 동구부락 365-2번지에서 2녀 1남 중 막내로 태어났다.

다도해 해상국립공원에 속하는 죽림마을은 자연 풍광이 수려한 곳으로 마을 뒤쪽은 여귀산이 어머니 품처럼 포근히 마을을 감싸고 있고, 앞쪽은 태평양으로 향하는 바다가 끝없이 펼쳐져 있다.

그리고 약 1km에 달하는 해변의 은빛 모래사장과 400여 년 전에 심어진 것으로 알려진 군락을 이룬 소나무 방풍림이 병풍처럼 어우러져 더욱 수려한 경관을 뽐낸다.

이 방풍림은 남해의 대양을 막아선 접도接島 섬과 함께 매년 반복되는 태풍 등 자연재해로부터 마을과 농토를 보호하는 방파제 역할을 톡톡히 해내고 있으며, 자연적으로 형성된 호수처럼 맑고 고요한 앞바다에 서리는 새벽안개는 '옥주(沃州, 진도의 구명) 승경 20선'에 선정될 정도로 몽환적이고 아름다운 한 폭의 동양화를 연상케 한다.

그러므로 2005년에는 산림청으로부터 '산림 유전자원 보호림'으로 지정되었으며, 2007년에는 아름다운 숲 전국대회에서 '마을 숲 공존상'을 받기도 했다. 최근에는 해양수산부가 '어촌 체험 마을'로 지정하여 조개잡이와 개막이 등 다양한 생태 체험을 하려는 관광객이 끊임없이 찾아오는 관광 명소가 되었다.

마을 앞 해송 방풍림 ▲

마을 뒤 여귀산(女貴山, 457.2m)은 한자 그대로 '여자를 귀하게 여기는 산 또는 여자 산신령이 다스리는 산'이라는 설이 있다. 그리고 우리나라의 수많은 산 중에서 계집 여女자가 들어간 산이 거의 없을 정도로 희귀한 이름이다.

또한, 풍수가들은 산 능선의 모습이 마치 단정하게 차려입은 선녀가 가야금을 타는 형상이라 하여 '옥녀 탄금형의 산'이라고 불렀다 한다.

여귀산은 우리가 어렸을 적에는 하늘에 닿을 만큼 높게만 느껴져서 누구나 쉽게 범접할 수 없는 경외의 대상이었다.

봄에는 동백꽃, 벚꽃, 진달래꽃이 만발하고 형형색색의 이름 모를 야생화가 산등성이를 따라 피어 산 전체가 온통 꽃 물결로 장관을 이룬다. 산 초입에 들어서면 왕대나무 숲이 무성하고, 중턱만 올라가도 하늘이 보이지 않을 정도로 동백나무, 후박나무, 벚나무, 회양목 등 산림이 울창했다.

한때는 호랑이가 살았다고 전해지고, 실제로 언젠가는 동네 청년들이 노루몰이를 하는 것을 보았던 기억이 생생하다.

산 정상에는 적의 침입과 재난에 대비해 육지와 교신하던 조선 시대 봉수대 터가 남아 있고, 근래에 공군의 통신 사이트가 설치되었다가 철수하기도 했다. 특히, 정상에서 바라보는 일출과 낙조는 다도해 바다 풍경과 어우러져 황홀한 모습이 파노라마처럼 펼쳐지고, 맑은 날에는 수평선 너머로 아스라이 제주도 한라산이 보인다.

이러한 영산 여귀산은 한반도 5천 년의 역사 속에서 이 고장에서 일어난 우리 민족의 수난사를 묵묵히 지켜보아 왔을 것이다.

고려 중기 1271년에는 여·몽 연합군과 삼별초 군의 전투에서 결사 항전하다가 결국 패배한 삼별초 군의 최후를 보았고, 그로부터 300여 년이 흐른 1597년의 정유재란 때에는 울돌목에서 왜적 수군을 대파하는 이순신 장군의 명량대첩도 보았다.

현대에 와서도 6.25 전쟁 때 양민을 학살하는 북한 인민군의 만행과 2014년 4월의 세월호 참사도 말없이 지켜보았다.

그러므로 마을 사람들은 비가 오나 눈이 오나 한결같이 그 자리에 망부석처럼 서 있는 여귀산을 우리 마을의 평화와 안녕을 지키는 수호신으로 굳게 믿고 있다.

또한, 여귀산 남쪽 자락 양지바른 언덕 위에는 우리 조상님들이 모셔져 있는 '해남윤씨 호군공파 죽림종친회 가족공원'이 자리하고 있어서 나에게는 각별한 의미가 있는 산이기도 하다.

한편, 마을 앞바다의 바닷물이 드나드는 갯벌 한가운데 짝개에는 민물이 나오는 민물 샘이 강계마을과 동구마을 두 곳에 있었다. 이 샘은 밀물 때면 바닷물 속에 잠겼다가 썰물이 되면 드러나고, 샘 안의 바닷물을 조금만 퍼내면 짠맛이 없는 육수가 솟아오른다. 마을 사람들은 바닷속에서 민물이 나오는 이곳을 '갯벌 안에 있는 샘'이란 뜻으로 '갯샘' 또는 '환룡천, 솟꾸지'라고 불렀다.

일설에 의하면 옛날 마을의 한 사람이 본처가 아들을 낳지 못해 후처를 들여 갯가에서 술장사를 시켰는데, 이 처자가 이 갯샘 물로 공을 들이고 술도 빚고 식수로도 사용하더니, 쉰 살이 넘어 아들을 얻었다고 한다.

그래서 한때 강계마을 사람들은 '짠 기가 빠진 물은 육지의 샘물보다 더 깨끗하고 영양분이 풍부하며 영험하다'고 하여 동네 우물물 대신 이 갯샘 물을 길어다가 식수로 사용하기도 했다.

그러므로 내가 고향 생각을 할 때면 언제나 맨 먼저 여귀산과 갯샘이 떠오르고, 그래서 이 둘은 나와는 떼려야 뗄 수 없는 포근한 마음의 안식처이기도 하다.

여귀산의 봄 ▲    갯샘의 모습 ▲

## 해산물의 보고

마을 앞 수백만 평의 드넓은 갯벌은 천혜 자원의 보고로 각종 조개류와 해조류가 풍성했고, 앞바다에는 수많은 어류가 서식하여, 그야말로 고래만 빼고 모든 해산물이 다 있다고 할 정도였다.

우리 마을 갯벌에서 생산되는 조개류로는 바지락, 귀머거리, 맛, 떡조개, 모시조개, 울조개, 전복, 소라, 고동, 해방고동, 홍합, 굴 등이 있고, 해조류는 김, 미역, 다시마, 톳 등이 있다.

그리고 어류로는 은조리, 볼락, 비드락, 도미, 조기, 우럭, 학꽁치, 갯장어, 왕새우, 쏙, 문어, 낙지, 해삼, 돌게 등이 있다.

더구나 여름철 태풍이 지나가고 나면 갑오징어, 쥐치, 갈치, 통멸치 등 어류와 미역, 청각, 모자반 등 해조류가 바닷가로 떠밀려 와 누구나 그저 바구니에 주워 담기만 하면 자기 소유가 되었다.

또한, 따뜻한 남쪽 지역에 위치한 진도는 겨울에 가끔 눈이 내리기는 하지만 땅이 거의 얼지 않는다. 그래서 1년 내내 농사를 지을 수 있어서, 옛부터 '1년 농사지어 3년은 먹고 산다'고 할 정도로 식량문제는 걱정이 없었고, 토지도 비옥하여 겨울에도 월동 배추, 대파, 봄동, 보리 등 푸르름이 들판에 가득하여 도시민들의 식단을 풍성하게 해주기도 한다.

마을 앞 갯벌 ▲

 이러한 천혜의 자연환경과 해산물이 풍부한 고장이지만 우리들이 태어나던 1950년대는 전혀 상황이 달랐다.
 일제 강점기와 6·25 남북전쟁을 겪은 직후 우리나라 국민 1인당 GDP[01]는 100달러 미만이었다. 국민 총인구 2,200여 만 명의 85% 이상

---

01  GDP (Gross Domestic Product, 국내 총생산액); 일정 기간 한 나라의 영토 안에서 생산된 모든 생산물의 시장가치를 말하며, 한 국가의 경제 수준을 나타내는 지표이다

이 농림과 서비스업에만 종사하여 필리핀이나 태국보다 가난한 세계 최빈국 중의 하나로서 국민 대부분이 유행가 '보릿고개'의 가사처럼 비참한 생활을 할 수밖에 없었다.

당시 죽림마을은 200여 호 가구가 살았던 제법 큰 규모의 마을이었다. 이에 비해 사방이 큰 산들로 둘러싸인 분지 형태로 농토가 적은 편이어서 극소수를 제외하고는 대부분 가정이 끼니를 걱정해야 할 형편으로 미국의 무상 원조 물자인 밀가루, 옥수숫가루, 우윳가루 등에 의존해야 했다. 이는 그 시절 전 국민에게 해당하는 것으로 우리 세대는 모두 다 이 원조 물자를 배급받았던 기억을 갖고 있을 것이다.

그렇지만 한편으로 우리 마을은 해산물만은 그런대로 풍족하여 어떻게든 끼니만은 해결할 수 있었고, 그걸로 마을 사람들의 부족한 영양을 다소나마 보충할 수 있어서 그나마 다행이었다.

## 2. 들에 핀 야생화처럼

**유년 시절**

　우리 가족은 할머니와 부모님, 그리고 누나 두 분과 막내인 나 이렇게 여섯 식구였다. 옛날 할머니들이 모두 다 그랬듯이 우리 할머니도 삼 남매를 무척 아끼셨고, 특히 막내인 나에 대한 사랑이 지극하셨다. 누나들과 나는 항상 서로 할머니를 차지하려고 경쟁하였고, 고구마, 배추쌈 같은 야식을 먹으며 할머니의 옛이야기도 들으면서 한방에서 잤다. 우리는 그렇게 자랐다.
　당시 마을 어른들은 대부분 소학교에도 다닐 수 없는 실정이었지만 우리 아버지는 죽림 보통학교를 졸업하여 천자문을 완독할 정도의 학식이 있었던 분으로서 동네 여러 집에서 장제사 시에는 축문祝文과 지방紙榜을 써달라고 초빙하였고, 잔치 마당에서는 항상 중심적인 역할을 하셨다.

한때는 마을 갯 주인[01]을 담당하여 마을 포구로 들어오는 고깃배들은 아버지를 통해야만 잡아 온 고기를 판매할 수 있었다. 그때는 대부분 어선이 동력선이 아닌 돛단배(중선배)여서 지금처럼 동중국해나 남중국해까지는 출어하지 못하고, 제주도, 추자도 근해와 가거도, 맹골도, 칠산도 앞 바다에서 고기를 잡아도 항상 만선을 이루었다.

어선들이 귀항하는 날이면 상어, 갈치, 조기, 홍어, 간재미, 갑오징어, 꽃게 등이 바닷가 자갈밭에 가득했다. 그럴 때 기분 좋아진 선장들은 어린 나에게 노래를 시키고 용돈을 듬뿍 쥐어 주기도 하였다.

그러나 아버지는 한량 기질도 많아 풍류를 즐기면서 운수납자[02]처럼 생활하셨고, 남을 위해 희생하고 봉사하는 정신이 강하였던 아버지의 갯 주인 수입은 가족 생계에 큰 도움이 되지 못해서 할머니와 어머니가 따로 고생할 수밖에 없었다.

어머니는 논·밭농사는 물론 물때에 맞춰 바다에 나가 돌김, 미역, 톳, 파래 등 자연산 해초와 각종 조개, 굴 채취 등으로 허리 펼 날이 없었고, 겨울이 되면 살을 애는 차가운 바닷물 속에 손을 담그며 양식 김을 수확하여 수협 수매에 내놓거나 장날이 되면 그것들을 팔아 생계를 꾸리셨다.

아버지는 궁핍한 생활 속에서도 늘 나에게 '국가와 사회를 위해 헌

---

01  갯 주인: 지금의 수산물 위탁 중개인 격으로 옛날 어촌에 있었던 제도
02  운수납자(雲水衲子): 구름과 물처럼 어디에도 머무르지 않고 살아가는 수행자 또는 도를 얻기 위해 스승을 찾아 여러 곳을 돌아다니는 승려를 이르는 말

신하는 훌륭한 사람이 되어야 한다'면서 그러기 위해서 '많이 배워야 한다'는 점을 강조하셨다. 나는 당연히 아버님 말씀을 따라야 한다고 생각하면서도 어린 마음에 항상 고생만 하는 어머님을 어떻게든지 고생을 그만하게 해드려야 한다는 생각이 더 앞서기도 했었다.

다행히 우리 삼 남매는 모두 다 나름대로 공부 만큼은 잘해 동네 어른들의 칭찬이 자자했고, 나는 많은 분의 관심과 기대를 한 몸에 받으며 더욱 분발하게 되었다.

방과 후에는 동네 친구들과 함께 소와 염소를 이끌고 야산으로 가서 풀을 먹이면서 오후를 보냈다. 그때 친구들은 자치기, 하루볼, 땅따먹기 등 놀이에 바빠 정신이 없이 뛰어다녔으나 나는 저만큼 혼자 떨어져 앉아 숙제도 하고 위인전을 읽으면서 미래의 꿈을 키워 나갔다.

지금 생각하면 치기 어린 행동에 웃음이 절로 나기도 하지만, '주위의 기대를 저버리면 절대로 안된다'는 생각이 워낙 강해서 그랬던 것 같기도 하다.

나는 초등학교 6년 내내 1등과 반장을 거의 독차지했으며, 중·고등학교까지 12년 동안 줄곧 우등상을 받았다. 그리고 우등상보다 받기 어렵다는 개근상을 타기 위해 아무리 아파도 죽을 정도가 아니면 기어이 학교에 갔던 기억이 난다. 그 결과 초등학교 2학년 때 배가 아파 딱 한 번 정근상을 받았고, 나머지 11년 동안은 개근상도 받았다.

그러나 당시 시골 초등학교의 교육 환경은 도시 학교에 비하면 상상을 초월할 만큼 열악하기 그지없었다. 우리들은 새 교과서로 공부해 본 기억이 거의 없다. 학생들 대부분은 선배들로부터 교과서를 물려받았고 '참고서'가 있는지도 몰랐다.

그런데 어느 날 선생님께서 『동아 전과』와 『동아 수련장』을 보여주었는데 처음 보는 만능 참고서에 감탄한 적도 있고, 학용품도 항상 부족해서 어느 때에는 바닷가 백사장 모래 위에다 한글과 천자문을 쓰면서 익히기도 했다.

초등학교 친구들 ▲

초등학교 2학년 추석날, 한반도 기상관측사상 최악이라는 '사라'호 태풍이 한반도 전역을 휩쓸고 지나갔다.

우리 집도 피해를 피해 갈 수 없었고, 창고 겸용으로 쓰던 사랑채 안에 염장 갈치를 가득 저장해 놓았는데, 염장 갈치는 말할 것도 없고 사랑채 자체가 흔적도 없이 사라져 버렸다.

4학년 때에는 5.16 군사 정변이 발생했다. 교육 당국은 '반공을 국시의 제일로 삼고…'로 시작되는 '혁명 공약'을 초등학생들까지 외우게 해 우리는 무슨 뜻인지도 모르면서 열심히 외웠다.

거기에다가 학생들이 동원되는 별별 행사가 참 많았다. 퇴비 증산을 위한 풀베기, 아카시아와 싸리나무 씨 모으기, 송충이 잡기, 쥐 잡기, 이

잡기, 회충퇴치 운동 등이 있었다. 요즘 아이들이 들으면 기절초풍할 일이겠지만 쥐잡기 행사에는 집에서 쥐를 잡아 꼬리를 잘라 학교에 내야 했고, 회충퇴치 운동은 학생들에게 회충약을 나누어 주고 먹도록 했다.

'회충약' 하니 생각난다. 몇 해 전 한국 남성과 혼인으로 캄보디아에서 온 피아비라는 여성이 한국에서 유명한 당구 선수가 되었는데, '고국의 모교 어린이들에게 몇 상자의 회충약을 보냈다'는 뉴스를 접하고 나의 어린 시절이 생각나서 가슴이 뭉클했다.

군사 정변 이듬해인 1962년, 정부에서는 10환을 1원으로 하는 10대 1의 화폐개혁을 단행했다. 그날 나는 어머니를 따라 십일시 장에 가서 염소 한 마리를 샀는데 전날까지 1만 환하던 염소를 단돈 1천 원에 사게 되어 어머니와 함께 어리둥절해하기도 했다.

5학년 때는 교내 웅변대회와 글짓기대회에서 대상을 받았다.

6학년 때는 '어린이회 회장'도 맡았고, 또 진도군 관내 40여 개 학교 대표 150여 명이 참가한 '진도군 초등학교 학력 경시대회'에서 8등을 했는데, 죽림초등학교 개교 이래 최고의 성적을 거뒀다고 학교에서 대대적인 환영 행사가 열리기도 했다.

그리고 '추계 진도군 초등학교 체육대회'에서는 단축마라톤에 출전하여 을군乙群 학교[03]에서 3위에 입상했다.

죽림초등학교 18회는 남자 16명, 여자 14명 총 30명이 졸업한 미니

---

03  을군 학교: 군내 초등학교 체육대회 때에 재학생수 500명을 기준으로 갑·을군甲乙群 학교로 나누어 시합을 했었다.

학교였는데, 그중 진도중 6명, 석교중 4명, 제주중으로 1명이 진학했다. 그런데 당시에도 진도읍 진도초등학교는 한 학급이 70여 명, 한 학년 이 400여 명이 넘었다는 사실을 나중에 알고 깜짝 놀랐다.

초등학교 졸업식 장면이 떠오른다. 요즈음 초등학생들은 졸업식 때 무슨 노래를 부르는지 모르겠으나, 당시에는 재학생들이 "빛나는 졸업장을 타신 언니께 꽃다발을 한 아름 선사합니다~" 이렇게 부르고 나면, 답가로 졸업생들이 "잘 있거라 아우들아 정든 교실아 선생님 저희들은 물러갑니다~" 이렇게 부르고, 마지막에는 다 같이 "앞에서 끌어주고 뒤에서 밀며 우리나라 짊어지고 나갈 우리들~" 이렇게 합창으로 끝이 난다.

이 졸업식가를 부르고 나면, 가사도 멋있었지만 곡조가 얼마나 슬프던지 학생들은 대부분 울음을 터트렸다. 초등학교 졸업식은 단체생활에서 난생처음 경험한 이별이었다.

죽림초등학교 18회 졸업 기념 ▲

그리고 한 가지 더 초등학교 시절 잊지 못할 추억의 미담이 있다. 동네 중학생 선배들과 함께 방학을 이용하여 무학인 어머니들을 대상으로 야학을 한 것이다. 우리들은 어머니들 20여 분께 한글과 셈본을 가르쳐 마침내 참여한 분들 모두가 한글을 해독하고 셈을 할 수 있게 되었다.

또 다른 추억으로는 그 시절 한밤중 별들이 바다로 쏟아지는 환상적인 광경이 지금도 생생하다.

여름밤에 모기가 극성이면 우리 삼 남매는 모깃불을 피워 놓고 멍석 위에 함께 드러누워 이야기꽃을 피웠다. 그러다 보면 깜깜한 마당에 반딧불이가 날아다니고 들에는 이름 모를 풀벌레 소리가 장단 맞추며, 파도의 합창소리가 들려 온다. 우리들은 큰 별들을 하나둘 세어 보다가 어느덧 이들 자연의 소리를 자장가 삼아 잠이 들곤 하였다.

특히 촘촘히 떠 있는 은하수 사이로 가끔 긴 선을 그으며 떨어지는 별똥별과 유유히 흘러가는 인공위성을 바라보면서, '저 하늘에는 누가 살고 있을까?' 하고 상상하던 추억도 잊을 수가 없다.

그래서 은퇴 후 고향에 살면서 다시 한번 그 광경을 보기 위해 진도의 여러 곳을 찾아다녔으나, 밝은 전깃불 때문인지 옛날과 같은 장관을 볼 수가 없어서 아쉬움이 컸다. 아마도 전깃불이 없는 곳이나 천체망원경이 있는 곳에 가면 그 많던 별들을 다시 만날 수 있지 않을까?

### 어느덧 중학생이 되어

초등학교를 졸업하고 중학생이 된 나는 어린 나이였지만 나름 의젓해지려고 애썼던 것 같다.

진도군 관내에는 진도중, 진도서중, 석교중, 고성중 등 4개의 중학교가 있었는데, 나는 진도중학교로 진학했다.

그 시절에는 너나 할 것 없이 모두가 다 가난했기 때문에 시골 학생들은 읍내에서 하숙할 엄두를 내지 못하고 대부분 자취생활을 하거나 읍내의 가까운 친척 집에서 기거하였고 웬만한 거리는 걸어 다녔다. 8km를 걸어서 통학하는 학생들도 있었는데 이를 중학생 걸음으로 계산해 보면 거의 2시간 정도 걸리는 거리다.

나는 입학 후 1학기 동안은 선항리 외갓집에서 6km 정도를 걸어서 통학하였으나, 너무 멀다고 하여 2학기에는 진도읍 죽엽리 친척(子 기영)댁에서 다녔다.

2학년이 되면서부터는 동급생인 고종 조카(남석)와 같이 읍내에서 자취생활을 했다. 자췻집은 진도초등학교 앞이었는데, 의용 소방 대장이었던 주인아저씨는 항상 공부에만 열중하는 나를 무척 예뻐하셨고, 초등학교 6학년인 그 댁 아들의 공부를 내가 봐주기도 하여 여러 가지로 많은 배려와 도움을 주셨다.

자취생활은 어린 나이에 스스로 식사를 해결해야 하므로 어려움도 있었지만, 통학 시간이 절약되어 그만큼 공부할 시간도 늘어나는 장점도 있었다.

우리 자취생들은 토요일 오전 수업을 마치고 나면 가족이 있는 집으로 갔다. 그리고 일요일 오후가 되면 어머니가 싸준 1주일분 양식인 쌀 2되와 보리 1되 그리고 김치 등 밑반찬을 둘러메고 읍으로 돌아왔다.

그때 우리 동네까지는 버스가 다니지 않아서 5km 정도를 걸어가서 버스를 타야 했다. 버스비는 10원이었는데, 이 돈을 아끼려고 아예 처음부터 읍내까지 걸어갈 때도 있었다.

읍내까지는 약 15km로 걸어서 3시간 이상 걸리는데, 지금 생각해 보면 아무리 가난한 환경이었다고는 하나 어린 학생들이 그렇게까지 무모할 정도로 절약과 인내심이 강했었나 싶기도 하다.

사실 그 당시 중학생이면 잘 먹지 못하여 지금의 중학생들보다 덩치도 훨씬 작았고, 지적 사고의 수준도 상대적으로 낮아서 어린아이에 속했다고 볼 수도 있다. 그래서인지 금요일 밤이 되면 다음 날 식구들을 만날 수 있다는 생각에 괜히 눈물이 나기도 했다. 그리고 항상 용돈도 부족해서 집에서 가져온 식량 중 남은 것을 팔아 단팥죽, 풀빵, 아이스께끼 등을 사 먹기도 했다.

또한, 도시를 제외한 대부분 시골 가정에서는 밥을 지을 때 나무 땔감을 사용하였기 때문에 직접 산에 가서 나무 채취를 하던지 아니면 읍내 시장에서 구매해야 했다. 당시 짜장면 한 그릇 20원, 라면 한 개 12원, 시내 버스비가 8원이었고, 우리 자취생 1주일분 나뭇값은 30원 정도였다.

전국이 그런 식으로 나무 땔감을 사용하다 보니 우리나라 온 산천이 벌거숭이가 될 수밖에 없었다. 그 후 정부에서는 산림녹화를 독려하였고, 그 결과 오늘날과 같은 울창한 산림이 되살아나 다시금 옛날의 아름다운 금수강산을 보게 되었으니 그나마 다행이다.

당시 진도중학교는 전남 도내 시 지역을 제외한 군·읍 지구 중학교

실력 평가에서 매년 최상위권에 속했다. 우리들이 입학하던 해에는 졸업생 선배 한 분이 서울의 명문 서울고등학교에 6등으로 합격해서 재학생들이 성금을 모아 전달하는 등 동문으로서 큰 자부심을 느끼게 했다. 그래서 우리들도 이에 자극받아 열심히 공부해 보자는 분위기가 대단했었다.

▲ 진도중 영어 회화반

학교에서는 중간고사와 기말고사가 끝나면 학년 구분 없이 성적순으로 15명씩 호명하여 조회 시간에 운동장 교단 앞으로 나오게해 상장을 수여하고 전교생의 박수를 받도록 했다. 나는 매 고사때 마다 거의 호명되었지만, 특히 1학년 중간고사에서는 전 학년 1등으로 단상에 올라 대상을 받은 적도 있다.

그런데 내가 성인이 되어 세상을 살다 보니 어린 학창시절 성적 위주의 학사 운영에 문제점이 많다는 생각을 갖게 되었다. 다행히 지금은 옛날처럼 이런 줄 세우기 상대 평가는 많이 없어졌다고 하나, 어떻든

'공부 좀 잘한다'는 것이 그리 대단한 것이 아니라는 사실을 깨닫게 되었고, '행복은 성적순이 아니다'라는 말을 실감하고 있다.

하여튼 나는 국·영·수 등 학과 시험 성적은 우수했으나 매번 미술 실기 점수가 잘 나오지 않아서 고민한 적도 있었다.

'옐로우'라는 별명으로 불리던 미술 선생님은 '산에는 푸른색, 하늘과 바다는 파란색으로 칠해야 한다'라는 고정 관념을 버리고 창조적인 색칠을 하라고 늘 강조하셨으나, 나는 쉽게 생각을 바꿀 수가 없었다. 그러던 어느 날 한 친구가 산 그림에다 온통 노란색과 빨간색을 칠해 실기 만점을 받아 부러움을 사기도 했다.

음악 선생님은 '1인 1악기 다루기'를 장려하였다. 그 덕분에 나는 작곡법과 화성법을 익히게 되었고, 퉁소 불기를 열심히 연습한 결과 읍내 옥천극장에서 열린 '군민 위안 음악 발표회'에 학교 대표로 선발되어 나가기도 했다. 성년이 되어서도 가끔 퉁소나 하모니카를 불어 볼 때면 열정적으로 지도해 주셨던 음악 선생님이 생각나곤 한다.

### 부모님 곁을 떠나

중3 졸업 무렵이 되자 고등학교 진학 문제로 고민이 많았다. 도시로 진학하고 싶은 나와는 달리 아버지는 집안 형편을 생각해 농고나 상고를 졸업하고 하루 속히 자립할 수 있는 공무원이나 은행원이 되기를 바라셨다.

나는 여러 가지 고민 끝에 대학에 가야 한다는 전제하에 인문계 고등학교로 진학하기로 결심하고 아버지를 설득했다. 나도 이젠 제법 머리가 커서 아버지의 대화상대가 되었다.

"집안을 일으켜 세우기 위해서도 대학은 꼭 가야 한다. 아버지께서도 내가 어렸을 때 사람은 많이 배워야 한다고 말씀하시지 않으셨냐?"는 등 온갖 이론을 펼치는 아들에게 아버지는 점점 생각을 바꾸고 계셨다.

결정적으로 그 대신 학비 부담을 덜기 위하여 장학생이 많은 목포 문태고등학교에 진학해서 '꼭 장학금을 받겠다'고 약속하고 허락을 받았다.

당시에는 초등학교에서 중학교 진학할 때부터 입학시험이 있었다. 고등학교의 평판은 '서울대학교에 몇 명을 합격시키느냐'에 따라 명문고와 비 명문고로 갈렸다. 그래서 서울은 물론이고 전국 각 도청 소재지와 대도시에는 대부분 소위 '명문고'가 존재했다.

당시 서울시 인구는 약 400만 명, 부산시 170만 명, 광주시 50만 명, 수원시 15만 명 정도였는데, 목포시의 경우 인구 17만 명에 전국 10대 도시로서 많은 고등학교가 있었으나, 그중에서도 대학 진학 면에서 공립 목포고와 사립 문태고가 한 단계 높은 수준이었다.

대체로 목포고는 목포 시내 중학교에서 상위급 학생들이 진학하였고, 문태고는 풍부한 장학금 때문인지 목포 주변 군 단위의 인재들이 많이 입학하였다. 그래서 실제 졸업생들의 대학 입시에서도 서울대, 연·고대, 3군 사관학교 합격생 수에서 양교가 거의 비슷했고, 우리가 입학하던 해에는 선배 중 연세대와 공주사대의 전체 수석 합격자를 배출하기도 했다.

문태고는 장학제도가 비교적 잘 정비되어 있었다. 나는 아버지와의 약속도 지켜야 했지만, 현실적으로 장학생이 되지 않으면 안 될 형편이라 더욱 열심히 공부했다.

 다행히 한 학년에 30여 명씩 4단계로 선발된 장학생 중에서 10여 명에게만 주는 '소액의 장학금과 등록금 전액 면제 장학생'을 졸업 때까지 3년 내내 유지할 수 있었다.

옛 문태고등학교 전경 ▲

 목포에서도 자취생활을 해야 했는데, 도시에서의 취사는 나무 땔감을 쓰지 않고 연탄을 사용하니 중학교 시절과는 비교할 수 없을 정도로 편리하고 시간적 여유도 생겼다.

 지금의 문태고 위치는 목포 구도심과 하당 신도시 사이의 중심지가 되었지만, 60년대에는 시 외곽 변두리 뻘 바탕 위에 홀로 덩그러니 서 있었다. 운동장에는 '뻘게'가 기어다니고 조회 시간에는 '깔따구'라고 하는 물벼룩 때문에 똑바로 서 있을 수가 없을 지경이었다.

 몇 해 전 유달산에 올라 목포 시내를 내려다보니, 항구의 범위는 전체적으로 넓어졌으나 구도시의 중심 시가지는 비좁았고, 삼학도와 옛

선창 부둣가 항만 역시 너무나 협소하여 옛날과 크게 달라진 것 없이 현대적 항구와는 큰 차이가 있음을 실감하고 크게 실망하기도 했다.

당시 고향 집에 한 번 다녀오려면 시간이 참 많이 소요되었다. 죽림리에서 배를 타면 목포까지 5시간 정도 걸렸고, 진도읍이나 소포리에서는 2시간 반 정도 걸렸다. 혹시라도 풍랑 등으로 여객선을 이용할 수 없게 되면 벽파리에서 도선으로 명량 앞바다를 건너 해남을 돌아 영암 용당리로 가서 통통선을 타고 목포로 들어가기도 했다.

우리 동네 재목포 선후배님과 친구들 ▲

2학년이 되면 매 기수마다 수학여행을 가게 되는데, 하필 그해 전국적인 한해旱害가 들어 취소되었다. 수학여행에 대하여 잔뜩 기대하고 있던 우리 동기들은 크게 실망하고 아쉬움이 컸다.

3학년 때는 전국의 대부분 고등학교가 명문대에 진학시키기 위한 특수반을 만들어 밤늦게까지 공부시켰는데, 우리 학교도 우수 학생들을 모아 방과 후 도서관에서 집중 자율학습을 시켰다. 우리들은 공부하다 지루해지면 달빛 밝은 날에는 한밤중인데도 운동장에 나가 전등불을 농구골대에 비추며 농구 게임을 즐기기도 했다.

그리고 몇몇 친구들과 자취방에 모여 앉아 빈약한 음식이지만 나눠 먹으면서 밤새도록 이야기꽃을 피우며 장래의 꿈을 키우기도 했다. 지금은 관광 명소가 된 영산강가에 있는 갓바위에 놀러 가서 참외나 무화과, 포도 등을 사 먹기도 했다. 또 방학 때가 되면 함께 남도 여러 곳을 여행했던 경험들도 추억으로 남았다.

돌이켜보면 고교 시절 3년 동안 공부 외에도 여러 친구들과 어울리며 이런저런 추억을 참 많이 만들었던 것 같기도 하다. 회자정리會者定離라고 했던가, 힘든 고3이 끝나자 우리들은 각자의 진로에 따라 뿔뿔이 흩어졌다.

고등학교 3-1반 친구들 ▲

# 3. 꿈과 야망의 세월

## 시련의 시간

고교 졸업을 앞두고는 입학할 당시보다 진로에 대해 더 많이 고민할 수밖에 없었다. 부모님은 교대 진학을 원했지만 나는 4년제 대학에 가고 싶었다. 그 대신 가정 형편을 생각하여 국비로 공부할 수 있는 대학에 진학하려고 마음먹고, 각군 사관학교나 마도로스가 되어 5대양 6대주를 누빌 해양대학교를 생각하게 되었고, 실제로 육군사관학교에 지원하여 1차 필기시험에 합격도 했다.

그러나 아버지는 내가 독자라는 이유로 군인이 되는 것을 원치 않으셨고, 또한 그렇게 멀리 떠돌아다니는 직업은 안 된다고 완강히 반대하셨다. 나는 할 수 없이 이 모두를 포기하고 서울대학교에 지원했다가 애석하게 낙방하고 말았다. 그때까지만 해도 세상 물정을 모르고 거침없었던 나는 인생 최초로 좌절을 맛본 것이다.

고향에서 서울대 불합격 소식을 듣고 난 후 3월이 되자, 나는 어쩔 수 없이 재수를 해야겠다고 생각하고 무작정 서울로 올라가 고교 친구 K군과 함께 서울 생활을 시작했다.

그러나 서울 생활 한 달여가 지나자 공부에 대한 열정은 시들해지고 경제적 어려움도 겹쳐 하향하지 않을 수 없었다. 그래서 허전한 마음도 추스를 겸 한동안 전국 유람이나 할 요량으로 난생 처음 대구, 밀양, 경주, 부산을 거쳐 제주도 외사촌 형 집까지 들러 실컷 놀고, 한 달여 만에 고향 집에 도착했다.

집에 돌아와서 또 한 달을 빈둥거리며 지내다 보니, 온갖 잡생각이 다 들고 초조해지기 시작했다. 나로서는 이런 생활이 처음이라 정말 적응이 안 되었다. 중·고교 시절 어느 한때만이라도 마음 편히 공부에만 전념할 수 있었더라면 충분히 원하는 대학에 합격할 수도 있었을 것이라는 생각을 하니, 가난한 집안 형편에 대한 원망과 나 자신에 대한 자괴감이 들기도 했다. 당시에는 고교 졸업생 대부분이 나와 같은 그런 환경에 처하여 고민도 많이 했을 터이다.

어찌 되었건 나는 더 이상 좌절감에 빠져있을 수는 없었고, '지금까지 수많은 어려움을 극복해 오지 않았는가. 현실을 부정하지 말고 있는 그대로 받아들이고 최선을 다해 이 역경을 극복해 보자'라며 마음을 다잡고 입시에 재도전하기로 결심했다.

그 후 아버지께 "목포에서 공부하겠다"고 말씀드렸더니, "알았다"고 하시면서 나의 마음을 다 헤아리고 계셨는지 "건강에 신경 쓰면서 공부하라"는 것 외엔 별다른 말씀이 없으셨다.

그렇게 하여 나는 6월부터 목포에 올라가 재수를 하게 되었고, 다시 대입 원서를 내야 하는 시기가 되자 여러 가지 고민 끝에 전남대학교 법과대학 행정학과에 지원해 합격하였다.

### 새내기 대학생

당시 전남대학교의 위상은 전국 대학교 수준별 분류표(『진학』지 발표)에 의하면, 서울의 서울대, 연·고대 등 몇몇 대학교와 지방의 부산대, 경북대와 더불어 '전국 10대 대학'에 포함되고 있었다. 그런데 1970년대 대학은 요즈음의 소위 '스카이(SKY) 대학'이니 '인(in) 서울대학'이니 하는 개념과는 거리가 한참 멀다.

가장 큰 특징은 대학교 진학 대상 고교생 중에서 실제로 대학에 진학한 학생은 극소수였다는 점이다. 대부분이 가난 때문에 대학 진학을 엄두조차 내지 못한 것이 엄연한 현실이었고, 그나마 공부라도 잘하면 어떻게 좀 해볼 수 있는 길이 있었다는 것이 다행이라면 다행이었다.

전체 대학 수도 적어 서울 이외에는 각 도청 소재지에 있는 국립대와 소수의 사립대, 특수대학이라 할 수 있는 3군사관학교, 해양대, 수산대, 농협대, 교육대 등이 전부였다.

그리고 전체 대학생 수 뿐만아니라 각 학과 정원도 무척 적었다. 내가 합격한 전남대 행정학과도 정원이 20명이었다. 말하자면 지금에 비하면 대학 지원자도 적었고, 선발하는 대학생 수도 너무나 적었던 것이다.

당시에도 서울대만큼은 경쟁이 치열했으나 서울대를 제외한 대부분 대학이 법대나 상대, 의대, 일부 공대를 제외하고는 지원자 미달 학과가 많았다.

그러나 각 도에 소재한 지방 국립대만큼은 경쟁이 치열했다. 왜냐하면 일단 등록금이 상대적으로 저렴했기 때문이다. 내가 대학에 입학하던 1971년도 전남대 등록금이 3만 4천 원이었고, 사립대는 보통 8만 원 정도였다. 그러니 지방 학생들은 등록금이 싼 국립대를 우선 지원할 수밖에 없었다.

그래서 공부는 잘해도 학비와 생활비를 감당할 수 없어 서울로 진학할 엄두를 내지 못하는 도시 학생들과 도청 소재지에 있는 국립대에라도 지원해야만 하는 시골의 학생들까지 모두 지원해 경쟁이 치열했다.

하여튼 대학생이 된다는 것 자체가 매우 어려웠던 시대였다.

1971년 3월, 나는 부모님이 어렵게 마련해 준 등록금, 자취 방세와 생활비를 가지고 광주에 올라가 꿈과 야망으로 가득 찬 대학 새내기가 되었다. 대학생이 되니 물론 또 다른 어려움도 있었지만, 입시 준비만 했던 고3 시절과 재수생 때와는 달리 즐거운 추억들도 많았다.

무엇보다도 입시 지옥에서의 탈출과 낭만적인 대학 분위기는 말로 표현할 수 없었다.

당시 교육 당국은 신입생들을 학과에 상관없이 각 계열로 분류하여 몇 개의 반으로 나누어 수업을 듣게 하는 방식으로 학사 일정을 운영했다. 전남대 신입생은 총 1,050명이었는데, 교양학부 사회계열은 이중 법대, 상대, 정치외교학과, 농업경제학과 입학생 160명을 4개 반으로 편성하여 교양과목을 공부했다.

이렇게 학생들이 1학년 1년간은 학과에 상관없이 함께 수업을 듣다 보니 점점 친해지게 되었고, 입학한 지 얼마 지나지 않아 우리들은 수업이 끝나면 각 반 대항 축구, 배구 시합도 하고 미팅이니 뭐니 하여 즐겨운 시간도 보내고 당구장, 대폿집 등으로 어울려 다니기도 했다.

여름방학이 시작되기 전까지 정신없이 보낸 이 짧은 기간이 대학 새내기로서 맛본 처음이자 마지막인 '청춘의 낭만적 시기였다'는 것을 그때는 미처 몰랐었다.

종합 체육대회 때 법대 배구 선수들 ▲

### 대통령 선거 참관인

대학교에 입학한 지 2개월도 채 지나지 않아 제7대 대통령 선거일이(1971년 4월 27일) 다가왔다. 아직 학교생활에 적응하기도 전인 대학 새내기가 뭘 알겠는가. 개학하자마자 각 동아리에서 신입생 회원을 모집하려고 천막을 쳐 놓고 요란한 플래카드도 붙여 놓고 지나가는 학생 손을 잡아끌고 난리였다.

'이념 서클'이라는 단어 뜻도 잘 몰랐다. 캠퍼스에 산재한 건물들이 어느 단과대학 건물인지도 다 파악하지 못하던 그때 학생회에서 '대학생 선거 참관인'을 모집한다는 공고가 났다. 현실 정치에 대해서는 무지한 상태였으나 대학생이 되니 호기심도 많아졌고 무엇이든 참여하고 싶은 마음도 강렬했다. 그래서 선거 참관인이 뭘 하는 것인지도 모르면서 무조건 찾아가서 신청했다.

선거일 날 투표장에 가보면 투표용지를 주고 본인 여부를 확인하는 등의 업무를 하는 공무원 외에 각 당에서 파견한 사람들이 몇 개 의자에 죽 늘어앉아 '투표자가 부정 선거를 하는 것은 아닌지 대리 투표를 하는 것은 아닌지' 등을 감시하게 하는데, 이들을 선거 투표 참관인이라고 한다.

학생회는 선거 참관인 지원자들을 2인1조로 구성하여 전남 각지의 투표소로 파견했다. 우리 조는 해남군 화원면 투표소에 배정되었다. 선거 당일 현장에서 투표 과정을 지켜보고 투표 종료 후에는 투표함 차에 동승하여 해남읍 개표소로 옮기는 것까지 확인하고 임무를 마쳤다. 그러고 보니 나로서는 사회 초년생으로 민주주의 실천 현장을 지켜보고 직접 체험하는 값진 경험을 한 셈이다.

돌이켜보면 당시가 한국 민주주의 정치사에 오래도록 기억될 매우 예민한 시기였다. 1962년 소위 5.16쿠데타로 집권한 박정희 소장이 혁명 공약 제6항의 '군에 원대 복귀한다' 는 약속을 파기하고 1963년 10월 15일, 대통령 선거에 입후보하여 제5대 대통령에 당선된다. 4년 후인 1967년 5월 3일에는 재선에 성공한다. 헌법에 '대통령은 1차에 한하여 중임할 수 있다'고 되어 있어 박 대통령의 마지막 임기가 시작된 것이다.

더 이상 집권이 불가능하게 된 박 대통령은 대통령 임기가 2년이 채 남지 않은 시점에서 3선이 가능하게 헌법을 고치게 된다. 우여곡절 끝에 1969년 9월 14일 새벽 2시, 국회 별관에서 여당계 의원 122명만 참석한 가운데 개헌안을 통과시키니, 이것이 그 유명한 3선 개헌[01] 이다.

이후 3선 개헌을 반대하는 대학생의 데모가 격화되고 정국 불안도 계속되었다. 이때가 나의 재수생 시절이었고 이듬해 입학하고 보니 이 개정된 헌법에 의거 대통령을 뽑는 대선 선거일이 눈앞에 와 있었다.

당시 야당 후보는 김대중이었다. 얼마나 선거전이 치열했던지 다급해진 박정희 후보는 "3선 개헌이 대통령을 한 번만 더 하라고 허락한 것이지 계속해서 할 수 있게 허용한 것이 아니다"라면서 대통령 출마는 이번이 마지막임을 강조했다. 반면에 김대중 후보는 "만약 박정희 후보가 당선되면 이번 선거가 민주주의 선거로는 마지막이고 앞으로 더 이상 대통령을 직접 뽑는 선거는 없을 것"이라고 역설했다.

개표 결과 박정희 후보가 김대중 후보에게 근소한 표 차이로 승리하여 7월 1일 제7대 대통령으로 취임한다. 취임 이후 1년이 막 지난 1972년 '10월 유신'으로 마치 예언처럼 국민투표에 의해 대통령을 직접 뽑는 선거는 사라지게 된다. 이렇게 세월이 흐르다가 1979년 '10·26 사태'로 18년에 걸친 박정희 독재 정권 시대가 막을 내리게 된다.

### 내게도 사랑이

그야말로 눈 깜작할 시간에 새내기 한 학기가 지나가 버렸다. 여름방학이 되자 고향에 내려갔으나 뻔한 집안 형편이다 보니 당장 2학기에 필요한 학비며 광주에서의 생활비를 어떻게든지 내가 스스로 해결하는 방안을 찾아야만 했다. 그러나 아무리 생각해도 무리인 것 같았다. 그래서 군대를 먼저 다녀온 편이 더 낫겠다고 생각하게 되었다.

---

01  송철원, 박정희 쿠데타 개론. 현기연, 2020

당시에 광주에서 아르바이트를 해서 한 학기의 등록금을 마련한다는 것은 결코 쉬운 일이 아니었다. 나는 결단을 내려 휴학계를 내고 공군에 자원입대 신청을 했다. 그때만 해도 군대 복무 기간이 3년이었기 때문에 군대를 다녀오면 아무래도 집안 경제 사정 등 모든 상황이 더 나아질 거라고 판단했었다.

그런데 여기서 생각지도 못한 차질이 발생했다. 영장이 즉시 나오지 않은 것이다. 백방으로 노력했지만 허사였다. 이미 휴학은 해버린 상태로 한참의 날들이 지나버렸다. 할 수 없이 고향 집에 내려가 지내고 있는데 마침내 영장이 나왔다. 입대일이 너무 늦은 이듬해 3월이다.

앞서 새내기 1학기를 처음이자 마지막 청춘의 낭만 시대라고 한 것은 이렇게 입대하여 3년 후에 늙다리가 되어 복학하게 되니, 더 이상 그런 대학 생활을 할 수 없었기 때문이었다.

여기에서 군 복무 기간을 훌쩍 건너뛰고, 복학 시점으로 돌아가서 이후의 학교생활 이야기를 먼저 하기로 한다.

1975년 2월, 36개월 군 복무를 마치고 공군 병장으로 만기 제대했다. 입대가 늦다 보니 2학기 복학까지는 한 학기가 고스란히 남아 있다.

나는 바로 광주로 올라가서 등록금 마련을 위해 과외를 시작했다. 그리고 열심히 생활하며 과외 학생팀도 몇 개씩 맡게 되어 어느 때는 밤 10시까지 수업하는 날도 있었다.

이렇게 몇 달 동안을 바쁘게 생활하다 보니 어느덧 '내 힘만으로도 대학을 졸업할 수 있겠다'는 자신감이 생기고, 나의 사고도 긍정적으로 변해 세상을 보는 눈도 많이 달라졌다.

그러던 어느 날, 나의 사정을 잘 아는 광주 숭일고등학교 국어 교사로 재직하고 있던 친구 곽 선생으로부터 자기 반 학생의 가정교사를 제의받았다. 내 입장에서는 그렇게 되면 주거라는 큰 문제 하나가 해결되는 셈이어서 주저 없이 받아들였고, 다행히 얘기가 잘 되어 입주 가정교사로 들어가게 되었다.

이후 복학도 하고 또 다른 학생들의 과외도 계속하면서 정신없이 바쁜 학교생활이 이어지게 되는데, 입주 가정교사 생활은 내게 일생일대의 또 하나의 반전을 가져다주었다.

나는 비교적 활달한 성격이어서 남녀 선·후배 학생들과 두루 친하게 지냈지만 제대로 된 연애 한 번 못 해보고 입대했다. 물론 그러기에는 너무 짧은 새내기 시절이기도 했다. 아무튼 군 복무를 마치고 복학해서 보니 어느덧 노짱 신세가 되어 있었다.

그런데 가정교사 입주 첫날 학생 가족들과 상견례 하던 때 학생의 큰누나와 인사를 하며 눈이 마주친 순간을 잊을 수가 없다. 그날 밤 나는 쉽게 잠들 수가 없었다. 이것이 사랑이고 '사랑은 이렇게 갑자기 올 수도 있다'는 것을 깨닫기까지는 그리 오랜 시간이 걸리지 않았.

알고 보니 그녀는 그해 갓 대학을 졸업한 나와 동갑내기였다. 또래여서인지 얘기가 잘 통했다. 그래서 같이 있는 시간이 점점 더 많아졌다. 우리들은 문학과 음악을 얘기하고 철학과 인생을 논했다. 이야기의 주제는 끝도 없이 늘어났다. 언제부턴가는 가족 몰래 은밀히 만나는 횟수가 많아졌다. 이때부터 하늘의 별만큼이나 많은 사연 들이 만들어지기 시작했다. 마침내 우리는 부부의 연을 맺고 평생 반려자가 되었다.

(이후의 이야기는 262쪽 이하에서)

### 뚱컬회와 학우들

앞서 이야기한 바와 같이 71학번인 우리 신입생은 1년 동안 교양학부 사회계열로 함께 편성되어 같이 공부했다. 여러 학과의 학생들이 함께 수강하니 학생들 간 교류 범위가 넓어지고 교양학부의 취지에 맞게 폭넓은 학문의 세계도 맛볼 수 있게 되었다. 당연히 서로 친해져서 고교 때와는 또 다른 우정이 싹트게 된다. 그중에서도 몇몇 재수생끼리는 자연스럽게 더욱 가까워지게 되었다.

그렇게 분주하던 새내기 1년이 훌쩍 지나가고 2학년이 되면 상황은 급변한다. 일단 각자 자기 전공을 따라 단과대학으로 돌아가게 되어 1차 이별을 하게 된다. 2차 이별은 각자의 사정으로 인해 발생한다. 여기에는 상봉도 섞여 있다. 군대 가기 위해 휴학하는 학생, 개인 사정으로 휴학하거나 자퇴하는 학생, 군대를 마치고 복학한 학생 등으로 구성원이 새로워진다.

학년이 올라가면서 나의 친구들도 대부분 군대에 가게 되면서 우리는 잠시 헤어져야만 했다. 그리고 세월이 흘러 1975년부터 한두 명씩 복학생이라는 딱지를 달고 나타나기 시작했다. 새내기 교양학부 시절 많지도 않았던 여학생들은 모두 졸업해 나가버렸다.

다시 재회를 한 우리들은 의기투합해서 모임을 만들었다. 모임의 명칭은 '뚱컬회'다. 뚱컬이란 나무에서 뿌리가 되기 직전 가장 굵은 밑동 부분을 말하는 전라도 방언이다.

회원들은 창창한 20대 청년들답게 회칙 제1조에 '국가와 사회를 위한 동량棟梁이 되자'고 정했었는데, 다짐 그대로 졸업 후 각자 맡은 분야에서 열심히 국가 사회에 기여하고 은퇴했다.

우리는 정신없던 사회 초년 시절에도 서로를 잊지 않았다. 오랜 사회생활에서 자기 업무를 수행해 오면서도 모임에 대한 충성심도 변함없이 간직하여 50여 년의 세월이 흐른 지금까지도 자주 만나고 추억을 나누는 평생 벗이 되었다.

그리고 은퇴한지가 한참 지났지만 아직도 자기 분야에서 사회와 후진들을 위해 기여할 무언가를 고민하며 실천하려고 애쓴다. 내 눈에는 가장 스스럼없는 친구이면서도 존경스러운 이 시대 최고의 지성인들이다.

멤버로는 법대 문석기, 조대성, 유준현, 나, 상대 김창주, 김연식, 송종현, 김길수, 박범진, 정외과 홍흥주, 김길환, 농경제학과 김영규, 이문주 등 13명이다. 그런데 애석하게도 벌써 3명이 고인이 되었다.

뜽컬회 친구들 ▲

뜽컬회 친구들 뿐만아니라 또 다른 친구들 이야기도 꼭 하고 넘어가야만 한다. 나는 1년 늦게 복학하는 바람에 뜽컬회 외에도 가까이 지냈던 동기들도 있고, 그중에는 사회에서 크게 성공한 분들도 많다. 처음에는 가능하면 많은 친구를 소개하려고 했었다.

그러나 개인의 사생활 문제도 있는데 어떻게 써야 할지 모르겠고, 혹시 누락된 분이 있을 수도 있어 여기에 모두 다 언급할 수 없음을 깨달았다. 그래서 공개적인 뜽컬회 친구들 외에는 아예 소개하지 않기로 하고 보니 못내 아쉽기만 하다.

모쪼록 초등학교 때부터 학창 시절에 만났던 모든 나의 학우들이 이 글을 읽게 된다면 우리들의 인연과 우정을 재확인하고, 잠시나마 즐거웠던 그 시절의 추억에 잠겨볼 수 있었으면 좋겠다.

법대 졸업 동기생 ▲

### 고시반과 학생회장

3학년이 되면서부터는 나의 생활 환경이 확연히 달라지고, 학창 시절 내내 나를 짓눌러왔던 가난에 대한 콤플렉스도 상당히 극복할 수 있게 되었다.

가장 큰 이유는 성적 우수자에게 주는 연간 40만원의 '산학협동 장학금'을 받게 되어, 학기당 10만 원씩 두 번의 학비를 충당하고도 생활비에 여유가 생긴 것 때문이었다. 더구나 생전 처음 느껴보는 사랑의 힘은 나를 긍정의 아이콘으로 바꿔 놓았다.

그때부터는 그때까지 쭉 해 오던 과외 교사를 모두 그만두고 법대 고시반에 들어가 비로소 하루 수 시간씩 공부에만 전념할 수가 있었다. 아마도 이때가 나의 학창 시절 중 가장 치열하게 공부했던 시기가 아닌가 생각된다. 당시 법대 도서관은 고시생들을 위해 24시간 개방했고, 간단한 숙식도 가능하도록 운영되어 경제적 형편이 어려운 학생들에게 최고의 복지 혜택이었다.

나는 행정고시에 딱 한 번 도전했었다. 그러나 내가 얼마 동안만이라도 계속해서 고시에 매달려도 경제적으로 문제가 없는 환경이었다면 끝까지 해볼 수도 있었겠으나, 그런 무모한 도전을 하기에는 내겐 현실적으로 무리라고 생각되어 한 번 도전이 실패로 끝나자 그냥 깨끗이 단념하였다.

3학년 1년간은 학도호국단 법대 제대장으로도 활동했다. 제대장이란 단과대학 학생회장을 말한다. '학도호국단'은 유신 말기인 1976년부터 전두환 군사정권 초기 1984년까지 학생들의 직접 투표로 학생회장을 선출하는 '학생회'를 폐지하고, 이를 대체하여 만든 학생 대표 기구다.

총학생회장에 해당하는 사단장과 각 단과대학 회장에 해당하는 제대장을 대학 당국에서 임명하는 제도였다는 것이 다소 아쉬운 점이었다. 그런데 우리 법대에서는 나를 제대장으로 추천했다. 교수님들의 권유와 학우들의 추천으로 결국 수락하지 않을 수 없었다.

그리하여 학도호국단 부사단장 겸 법대 제대장으로 1년 동안 활동했다.

함께 활동했던 제대장으로는 홍흥주(사단장), 나(부사단장 겸 법대), 양수일(문리대), 박종철(상대), 최갑수(공대), 오익수(사범대), 천기봉(농대), 박영만(의대), 김선경(여학생) 등이다.

이때에도 유신반대 데모는 끊이지 않았고, 대학교 1학년 신입생은 여름방학 때 일주일간 군부대에서 병영 훈련을 받아야 했고, 교련과목도 수강해야 했기 때문에 교련 반대 데모 역시 극심했다.

당시 법대 은사님으로는 나의 주례를 서 주셨던 김한기 학장님과 이호준, 윤재풍, 정환담, 이방기 교수님이 계셨다.

학도호국단 각 단과대학 제대장 ▲

### 구두 약속과 모의 재판

학창 시절의 잊을 수 없는 추억이 하나 더 있다. 3학년 가을 중간고사가 끝나고 친구들 4명이 2인 1조로 편을 갈라 당구 시합을 했었는데, 그때 한 친구가 "진 팀은 저녁을 사고 미팅도 주선하기로 하자"라고 제안했다. 우리는 모두 그 친구의 제안에 동의하고 치열한 시합을 했다. 시합 결과 운 좋게도 우리 팀이 이겨서 약속대로 식사를 거나하게 대접받았다.

다음날부터는 '미팅 주선'이라는 더 중요한 약속을 기다리고 있었다. 그런데 하루 이틀이 가고 일주일이 지나도록 상대 팀 친구들로부터는 아무런 소식이 없다. 기다리다 못한 우리는 그 친구들에게 따져 물었다.

"아니 일주일이 지나도 감감무소식인데 너무한 거 아니냐? 언제 미팅을 주선할 것이냐?"라고 했더니 "우리는 그런 약속을 한 적이 없다"고 딱 잡아떼는 것이다.

그러면서 한술 더 떠서 "그날은 술에 취해서 무슨 약속을 했는지 도무지 기억나지 않는다. 단기 기억이 상실증에 걸린 것 같은데, 설사 약속했다 하더라도 심신미약 상태에서 한 약속이므로 그 약속은 효력이 없다."하고 오히려 큰소리를 쳤다. 옥신각신하다가 한 친구가 이럴 것이 아니라 우리가 법학을 공부하는 입장에서 이 문제를 가지고 '모의 재판'을 열어서 '옳고 그름'을 공식적으로 다투어 보자고 했다.

우리는 흔쾌히 동의하고 게임에서 이긴 우리가 원고 팀이 되고 상대방은 피고 팀이 되기로 하고, 다른 친구를 급히 불러 재판장을 부탁하여 모의재판이 시작되었다.

피고 팀은 "술 때문에 단기 기억 상실에 걸려서 아무런 기억이 없다"

는 자신들의 주장을 인용하여 증거 불충분으로 '혐의없음'으로 해 달라고 했다. 원고 팀인 우리는 "일단 술을 사주었다는 것은 그런 약속을 했다는 증거가 아니냐?"고 하면서 이는 '약속 불이행'이 맞고, 서면계약은 없었지만 구두 약속도 엄연한 약속이라고 주장했다.

치열한 진실 공방이 전개되면서 양 팀의 주장이 팽팽히 맞서 쉽게 결론이 나지 않자, 우리를 흥미롭게 지켜보던 재판장 친구가 "시간도 없는데 골치 아프게 시간 끌지 말자"고 하면서 중재안을 제시했다. "미팅만 주선하면 서로 논쟁이 필요 없이 평화로운 결론에 이르는 것이 아니냐? 본 재판장이 직접 미팅을 주선하겠으니 합의하겠느냐?"고 해서 모두가 박수를 치고 모의재판을 즐겁게 끝낸 적이 있다.

'약속이행' 또는 '계약이행'은 민법의 계약법에 나오는 용어인데 이런 실감나는 경험이 나의 사회생활에 적지 않은 영향을 미쳤다.

지키지 못할 약속은 차라리 처음부터 하지 말아야 한다. 그러나 세상에는 약속을 지키지 않아 크고 작은 일이 계속 발생하고 있다. 사기꾼도 많고 대형 사건도 발생하고 있는 것이 현실이다. 법정에서는 '약속을 지키려고 노력했으나 상황이 여의치 못해 지키지 못했다'고 그럴듯하게 읍소하면 온정적인 처벌을 하는 경우가 많은 것 같다.

'약속이나 계약은 그냥 약속일 뿐 지키지 않아도 고의성이 없었다'고 주장하고, 그 주장을 뒷받침할 증거를 조금만 만들어 놓으면 사기죄로 처벌받지 않을 확률이 높은 것도 이런 문제가 계속 발생하는 주요 원인의 하나가 아닌가 싶다.

나는 그동안 구두 약속이든 뭐든 약속했으면 그 약속을 꼭 지켜야 한다는 것을 사회생활의 중요한 덕목으로 삼고 소위 '계약이행의 완결'을 중요하게 생각하며 살아왔다. '사소한 약속을 지키지 않는 사람은 큰 약속도 지킬 수 없는 사람'이라고 생각하고 그런 사람들과는 동업해서도 안 되고 중요 사항을 함께 논의해도 안 된다고 생각하고 있다.

그런데 요즈음 국가 지도자 특히 정치인들이 대국민 공약을 해놓고 지키지 않은 경우를 많이 보아왔다.

이는 대학 학창 시절 모의재판을 할 때 미팅 주선 약속을 해놓고 기억상실증에 걸려서 '그런 약속을 한 생각이 안난다'고 주장하는 피고 팀과 뭐가 다른가. 이제부터는 그가 누구이든 간에 약속을 해놓고 지키지 않으면 반드시 대가를 치르는 사회시스템이 구축되어야 한다.

우리들은 신뢰를 바탕으로 한 공동체의 일원으로 살아가고 있다. 그래서 사소한 약속이라도 꼭 지키려고 노력하는 것이 서로 신뢰할 수 있는 사회를 만드는 데에 있어서 매우 중요한 요소라고 생각된다.

### 캠퍼스 소회

옛날의 전남대학교 캠퍼스는 지금처럼 잘 정비되어 있지 않아서 법대 앞 언덕 아래로 20여 호 되는 마을이 있었고, 상대 뒤편에도 조그만 마을과 포도밭 그리고 제법 큰 규모의 어느 문중의 산소가 있었다. 대학교 위치도 지금은 시내 중심가의 하나가 되었지만, 도심에서 뚝 떨어진 철도길과 밭두렁을 건너야 갈 수 있는 외진 곳이었다.

중앙도서관 앞에는 넓은 잔디밭이 있었고, 우리는 짬이 될 때마다 산소나 포도밭, 도서관 앞 잔디밭에 자연스럽게 모여 앉아 현안 이슈에 대하여 열띤 토론을 하곤 했다.

또한, 여수 방죽포에 있는 '돌산도 임해 실습장'과 장성 북하면에 있는 '대학교 수련원'을 단체로 방문하여 심신을 단련하며 젊음을 만끽했고, 졸업 여행은 관습법 조사 겸 제주도로 갔었는데 학창 시절의 마지막 여행으로 오래도록 기억에 남는 추억 중 하나이다.

　1970년대에 대학생들은 누구나 다 참여의 정도가 문제이지 직간접으로 시국사건과 뗄 수 없는 관계에 놓여있게 마련이었다.
　나는 공교롭게도 3선 개헌 반대 데모가 극심하게 일어났던 1970년에는 재수생이었고, 유신 헌법이 통과된 1972년에는 군인 신분이었다. 제대 후 복학하여 졸업한 1975년 9월부터 1979년 2월까지는 유신 독재 정권의 말기에 해당하는데 큰 시국사건은 없었다.
　그런데 졸업하고 난 그해 10월에 소위 '10·26 사태'가 발생하였고, 이듬해인 1980년 5월에는 동학혁명 이래 민족의 최대 비극이라는 '5·18 광주 민주화운동'이 일어났다.

5·18 광주 민주화운동 묘역 ▲

만약 내가 재학 중에 이런 사건이 발생했더라면 나의 학창 시절 활동과 교우 관계로 미루어 보아, 나의 의사와 상관없이 깊숙이 관여되지 않았을까 싶기도 하지만 실제로 일어난 일이 아니기 때문에 뭐라고 말할 수는 없다. 그런데 다행인지 불행인지 큰 시국사건이 일어날 때마다 나는 학생 신분이 아니어서 현장에 있지를 못했다.

그래서인지 갓 사회생활을 시작한 사회 초년 시절에는 무슨 중요한 사회적 이슈가 터질 때마다 평범한 생활인으로서의 무력감에 빠지게 되는 자신을 발견하곤 했었다.

그 무렵 '5·18 광주 민주화운동' 와중에 애석하게도 친구 윤상원이 유명을 달리했다. 또한, 그해 봄 학생회장 직선제가 부활했었는데, 법대 후배 박관현이 전대 총학생회장에 당선되어 민주화운동을 이끌었고, 이후 그는 지명 수배되어 피신하다가 결국 붙잡혀 감옥에서 단식투쟁하던 중 별세했다.

나는 가슴이 미어지는 아픔을 겪어야만 했다. 그 시대에 이런 상흔을 간직하게 된 사람이 어디 나 한 사람뿐이었겠는가.

# 4. 보라매와 가톨릭

**공군병의 군대 생활**

1972년 3월 2일, 군대 영장을 받은 나는 목포에서 기차를 타고 대전 유성에 있는 항공병학교에 입교했다. 공군 병 220기, 군번 3297371의 대한민국 군인이 된 것이다.

훈련소에서 4주간의 군사 기초 훈련을 받은 후 6주간의 항공관제 교육을 수료하고, 항공관제 특기병(특기번호 16130) 병과를 받아 광주 송정리 제1전투 비행단 작전부 작전과에 배치되었다. 이후 근무지 이동 없이 한 곳에서 36개월 군 복무를 마쳤다.

내가 공군을 자원입대하게 된 동기는 어린 시절에 하늘을 나는 비행기가 신기하고 멋져 보이기도 했고, 동네 뒤 여귀산에는 공군 통신 사이트가 있어서 '이왕 군대에 갈 바에는 공군으로 가보자'라는 생각이 들었기 때문이기도 하다.

군대에 가서야 '빨간 마후라'가 1964년에 신상옥 감독이 만든 전쟁 영화로 당대의 흥행작이었고, 우리가 어려서부터 부른 이 노래가 영화 주제곡인데 나중에 정식 공군 군가가 되었다는 것, 그리고 '빨간 마후라'가 공군 전투기 조종사의 상징으로 그들만이 착용한다는 사실을 알았다.

작전과에서 근무하는 사병들의 주 임무는 전투 비행단의 작전 통제관을 보좌하여 전투기 조종사들의 비행시간 기록 등 훈련 관련 제반 사항을 체크하는 것이었다.

또한, 전국의 몇몇 높은 산 위에 설치되어 있는 방공 레이다 사이트[01] 와의 '직통 비상 통신망 가동'을 24시간 교대 근무하며 운영한다.

그리고 미국 공군과도 비행 암호체계를 교환하는 등 상시 전투 비상 협조 체제를 유지하고, '비상 대기실 (Alert room)'에서 비상 대기하는 조종사들에게 편의를 제공하는 일도 담당한다.

나는 비상 대기실에서 근무할 때 조종사들의 여가 활동을 위한 체육시설도 관리하며, 자연스럽게 양궁과 골프를 처음 접해보는 기회를 가질 수 있었다.

공군에 입대한 지 6개월쯤 지나 첫 휴가를 나가게 되었다. 그런데 작전 과장님께서 우리 동네 뒤 여귀산 공군 사이트에 정기 보급품을 운반하는 헬기에 편승하도록 주선해 주셨다. 그리하여 난생처음으로 헬

---

01  레이다 사이트(Radar site) : '영공의 파수꾼'이라 불리는 공군의 눈으로서 우리나라 영공과 방공식별구역(KADIZ)을 감시하는 레이더 기지

기를 타고, 1시간쯤 비행 끝에 죽림초등학교 운동장에 착륙하니 동네 꼬마들이 많이도 구경나왔다.

이윽고 그 안에서 내가 내리니 더욱 난리가 났고, 나는 동네 꼬마들의 환대(?)를 받으며 우쭐한 기분으로 고향 집으로 향했던 기억이 생각나 웃음이 절로 난다.

또한, 공군 입대 후 1년여가 지난 1973년 7월에는 북한군이 백령도 등 서해 5도 NLL을 무력 침범하여 남북이 대치하는 일촉즉발의 상황이 전개된 적이 있었다. 우리는 작전부장의 지휘하에 즉각 전투태세에 돌입했다. 비상 대기 중이던 전투기를 출격시키고, 잔여 전투기 수십 대를 오산 비행장으로 이동시키는 실무를 진행했다.

해군 상황실과 '해군 함정들도 속속 서해상으로 진입한다'는 정보도 교신하며, 시시각각으로 변하는 작전 상황의 브리핑 자료 작성에 정신이 없는 가운데, 이러다가 실제로 전쟁이 발발할 것 같은 위기를 실감하기도 했다.

그렇게 긴장된 대치 상황이 며칠간 지속되다가 다행히 별 탈 없이 상황이 종료되었다. 그 후 긴급 출격했다가 귀대하는 빨간 마후라 조종사들을 비행단 전 장병이 활주로에 집결하여 열렬히 환영하기도 했다.

이듬해에는 구형 전투기를 신형 전투기로 교체하는 임무도 우리 작전과 업무 중 하나였다.

1975년 4월, 미국이 지원한 남베트남이 공산 북베트남에 패망하여 적화통일된다. 그로부터 1여 년 전 종전 막바지 무렵, 그동안 6.25 전쟁 등에서 혁혁한 공을 세운 주력 전투기였던 F-86(일명 쌕쌕이)을 월남으로 보내고, 당시 최신형 전투기인 F-5E를 우리나라에 배치하는 임무를 수행한 것이다.

그때까지만 해도 미국에서 우리나라에 전투기를 배치해 준 것만으로도 감지덕지하고, 우리가 전투기를 만든다는 것은 꿈에도 상상하지 못할 일이었는데, 최근 반세기 만에 최첨단 국산 초음속 전투기 'KF-21 보라매'를 생산하여 국내 항공 우주·방위 산업 역량을 한 단계 끌어 올리고, 곧 인도네시아, 필리핀, 페루 등에 수출할 예정이라고 한다.

공군 복무를 통해 전투기에 대해 약간은 알고 있는 나로서는 이런 기적 같은 일이 일어나 오늘날 당당히 선진국 반열에 오른 우리나라의 방위산업 기술력에 감탄하지 않을 수 없다.

KF-21 국산 최신예 전투기 ▲

제1전투비행단에서 ▲

### 가톨릭과의 해후

송정리 비행단에 근무할 때 신학대 출신 동기생 한 명이 비행단 군종병으로 복무했다.

나는 그의 끈질긴 권유로 인해 가톨릭과 인연을 맺게 되었다. 사실 그때 나는 신병이라 일요일이 되면 외출도 쉽게 할 수 없는 처지였고 그렇다고 내무반에 있자니 답답한 데다가 고참병들의 뒤치다꺼리도 해야 해서 정신적·육체적으로 힘든 휴일을 보낼 수밖에 없었다.

그런데 이 친구가 이러한 고충을 해결할 수 있는 유일한 방법은 성당이나 교회, 불당 등 종교 행사에 나가는 것이라고 솔깃한 이야기를 해주었다. "성당에 가게 되면 적어도 그 시간만큼은 고참병의 부담에서 벗어날 수 있고 간식도 주니 일거양득 이렇게 좋은 일이 어디 있느냐"면서 나에게는 동기이니 특별히 편익도 제공할 수 있다고 계속 설득하였다.

이렇게 하여 나는 6개월간 통신 교리 학습을 충실히 이행한 후 그해 가을 '이냐시오' 세례명으로 영세를 받고 천주교 신자가 되었다. 졸병 시절에는 당연히 주말이면 어김없이 성당에 나갔고, 이후 고참병이 된 뒤에도 계속해서 다녔다.

나의 신앙생활은 믿음이 더해져서 제대 후에도 열심히 성당을 다녔다. 결혼 후에는 나의 아내에게 전도하여 아내는 '데레사' 세례명으로 영세를 받았고, 처가 식구들도 나로 인해 천주교 신자가 되었다. 우리 자녀들도 모두 영세를 받았다. 그리하여 지금까지도 양가 모두 신앙생활을 열심히 하고 있다.

그런데 세상에 변하지 않은 것이 어디 있는가. 그 후 나는 사회생활 초기까지 20여 년 동안은 열심히 신앙생활을 했다. 그러나 언제부터인가 일요일이 되면 성당에 가는 것보다 더 바쁜 일을 핑계 삼아 점차 성당에 나가지 않게 되었다.

식구들은 모두 다 성당에 나가는데 나만은 지인들의 모임에 참석하기 위해 이 핑계 저 핑계를 대고 빠져나간다. 지인들 모임이라는 것이라야 특별한 것은 아니고, 운동 시합도 있고 등산도 가고 꼭 참석해야만 하는 행사 등 다양했다.

우리집 3남매 천주교회 영세 기념 ▲

이제 고희를 넘기면서 신앙생활에 무관심했던 지난날을 되돌아보니, 나는 그동안 '진리나 본질을 찾아 잔잔한 호수 위를 미끄러지듯 나아가는 신앙인의 삶보다는 격랑의 세파 속에서 생존을 위해 사투를 벌인 실존적인 삶을 살아왔다.'는 결론을 내렸다. 그러고 보니 이 결론이 웬지 거창해 보이기는 하다. 어쨌거나 모두 지난 세월이고, 이제부터는 그동안 움켜쥐고 있었던 주먹을 펴야 할 때가 된 것 같다.

그러나 한편으로는 세상을 살아가면서 꼭 종교가 필요한 것만은 아니라는 생각도 해본다. 더구나 특정 종교를 강요하는 것은 내 생각과는 거리가 좀 있다. 종교가 인류에게 끼친 영향은 크지만, 꼭 좋은 영향을 미친 것만은 아니라는 점이다. 고등학교 때 배운 세계사에서 '종교 전쟁처럼 맹목적이고 잔인한 전쟁은 없다'는 것을 느꼈기 때문이다.

그렇지만 나는 군 시절부터 천주교를 접했고, 그 이후 지금까지 우리 가족과 처가댁 식구들이 교인으로서 신앙생활을 해 오고 있어 친숙한 것 또한 사실이다.

그래서 인생을 마무리해야 할 때가 된 나로선 이제부터라도 다시 성당에 나가서 '하느님 말씀에 순종하여 마음의 평안을 얻을 수 있다면 좋지 않을까?' 생각되어, 앞으로 이 문제에 대하여 좀 더 진지하게 고민해 보려고 한다.

제2부

# 삶의 여정에서

한국거래소 여의도 사옥 ▲

1. 생존의 길
2. 증권시장의 파숫꾼
3. 재충전의 시간
4. 세계는 넓다

# 1. 생존의 길

**한강의 기적**

　1970년대 대한민국 경제는 '단군 이래 최대 호황'이라는 말 그대로 GDP(국내총생산)가 매년 10% 이상씩 초고속으로 상승하는 소위 '한강의 기적'이 일어나는 절정기였다.

　1960년대만 하더라도 우리나라의 산업 구조가 국민 대부분 농림과 서비스업에 종사하고, 가내공업 수준의 경공업이 주류를 이루었는데, 1970년대에 들어서면서부터는 중공업 중심으로 탈바꿈하기 시작했다. 여기에 베트남 전쟁의 국군 파견에 따른 전쟁 특수와 함께 중동의 오일 머니에 의한 건설 특수까지 겹치면서 산업 각 분야에서 괄목할 만한 경제 성장의 기적이 이루어지고 있었다.

　따라서 우리가 졸업하던 1970년대 말 대학 졸업생 취업률은 거의

100%였다. 그러니까 개인 사정으로 취업하지 않은 경우를 제외하고는 모두 다 쉽게 취업이 가능했다.

보통 대학 4학년생이 되면, 1학기가 시작되고 얼마 지나지 않아서 이미 2~3개의 기업에 합격하게 된다. 웬만한 기업들은 대학생 신입사원 확보를 위하여 전국의 대학교를 순회하며 자사를 홍보했고, 학생들은 어느 회사를 선택할지를 놓고 고민하고 저울질하면서 행복한 마지막 학년을 보내게 된다.

그 시절 취업 관련 에피소드 하나를 소개하자면, 1960년대까지만 하더라도 '은행'은 우리나라 최고의 직장으로 아무나 들어갈 수 없는 곳이어서 서울대 졸업생들이 압도적으로 많았고, 상업 고등학교에서도 우수한 학생들이 입행했다.

그런데 1970년대에 들어와서는 상황이 달라지기 시작한다. 대졸자들의 은행 지원자가 급격히 줄어든 것이다. 그때까지 입사 지원 자격을 상대와 법대로 제한했던 은행들은 자격 제한을 슬며시 풀어서 대졸자면 누구나 응시할 수 있도록 만들었다. 이는 당시 우리나라에 세계화를 지향하는 대기업들이 우후죽순처럼 수없이 생겨나, 양질의 일자리가 가히 폭발적으로 늘어나면서 생긴 현상 중 하나이다.

1975년에 제정된 '종합 무역상사 지정제도'에 따라 삼성물산, 현대종합상사, 대우실업 등 총 9개 기업이 지정되어 해외 수출의 첨병 역할을 했다. 거기에다 재벌기업, 국영기업, 보험·증권회사, 대형 건설회사, 자동차·철강·기계·조선·정유의 중화학공업 분야 대기업에서도 수많은 고급 인력이 필요하여, 출신 학과가 문제가 아니라 대졸자 자체가 턱없이 부족한 형편이었다.

우리 세대는 졸업 시기에 운 좋게도 그런 시대를 만나 취직하기가 어렵지 않았으나, 우리보다 훨씬 더 좋은 환경에서 공부하고 다방면에 뛰어나다고 하는 요즈음 대학생들이 처한 상황을 볼 때, 우리가 그들의 과실까지 먼저 따 먹어버린 것은 아닌지 무척 짠하고 미안한 마음이 들기도 한다.

아무튼 오늘날 처한 암울한 현실을 하루속히 타개하고 또다시 그런 호시절이 오기만을 간절히 바랄 뿐이다.

## 사회 초년병

4학년이 되자 나는 진로 문제로 또다시 고민했다. '대학원에 진학하여 교수의 길을 걸어야 할지, 행정고시에 계속 도전해야 할지, 바로 취업해야 할지' 생각이 많았다. 실제로 광주 S학원 그룹 이사장이신 처삼촌께서도 대학원 진학을 적극 권유하셨다.

그러나 그때 나는 이미 결혼도 했었고 애도 있어서 경제적으로 어려운 이런 상황이 더이상 지속되면 안 될 형편이었고, 아쉬운 점도 많았으나 취업하는 쪽으로 결정을 내릴 수밖에 없었다. 그리하여 비교적 안정적이라고 생각되는 금융기관에 입사하기로 하고, 한국주택은행(후일 국민은행과 합병)에 지원하여 합격했다.

그 후 4학년 2학기 때인 1978년 10월, 서울 성북구 주택은행 장위동 지점으로 첫 발령을 받았다. 나는 바로 상경하여 회사 근처에 보증금 100만 원으로 방 한 칸을 전세 얻어, 아내와 딸과 함께 서울 생활을 시작했다. 그러나 입행 초기, 갑자기 직장인이 된 나는 그때까지 대학 생활의 자유로움과 느긋함이 몸에 배어 있어서 조직적이고 규칙적이며 빈틈없는 은행 업무에 적응하기란 그리 쉬운 일이 아니었다.

신입 행원 연수 기간에는 주판 놓기와 돈 세는 법을 배우기도 하고, 고객 응대 친절 교육 등 실무 중심의 교육을 받았다. 연수 후 바로 일선 지점에 배치되었다. 그런데 일과를 시작하고부터 온종일 창구 응대를 하고 나면 어느새 다리가 퉁퉁 부어올라 있기도 했다. 은행 생활 초기에는 그런 점이 상당히 어려웠다.

평소에 길을 가다가 오후 4시 만 되면 어김없이 셔터가 내려가 있는 은행 지점 건물을 보면서 '저렇게 칼같이 근무 시간을 지키는 곳에 근무하는 직원은 얼마나 행복할까?'라는 생각을 하며 부러워하기도 했었는데 그것이 얼마나 부질없는 생각이었는지는 은행원이 되고 나서 곧바로 알 수 있었다.

본격적 은행 업무는 셔터가 내려간 다음부터 시작된다. 1일 업무 마감은 각각의 업무 단위별로 당일 입출금을 계산하여 전체 출납표와 금액이 맞을 때까지 계속된다. 1원만 틀려도 시제가 맞을 때까지 전 직원 대기 상태로 퇴근할 수도 없다.

지금은 모든 업무가 전산화되어 신속하게 처리되는 편이지만 그 시절에는 대부분 수기와 주판에 의지하였기 때문에 업무 마감이 늦게 끝나는 경우가 허다했다.

당시 잊지 못할 나의 해프닝이 하나 있다. 상대도 아니고 법대를 다닌 내가 숫자에 취약한 것은 당연했다. 그러던 어느 날 먼저 퇴근한 지점장님이 전화로 오늘 일 계수가 얼마인지를 불러 달라고 했다.

나는 계산계로 가서 일계표를 보고 숫자를 보고 불러 드리려는데, 얼핏 보아도 10자리는 족히 넘는 숫자다. 내가 이런 숫자를 언제 읽어 보았겠는가. 그래서 단,십,백,천,만… 이렇게 단위를 헤아리고 있는데, 한참이 지나도 말이 없자 지점장님은 "뭐 하고 있냐?"고 재촉하고, 주위에 있는 여직원들은 이런 내 모습을 보고 웃고 난리가 났다.

당시 은행 여직원들은 상업 고등학교를 나와서 주산이 단급은 기본이고 9단인 사람도 있었다. 숫자에는 귀신인 여자 상업 고등학교를 졸업한 어린 여직원의 눈에 비친 숫자를 못 읽어 쩔쩔매고 있는 삼촌 같은 아저씨 모습이 얼마나 우스웠겠는가.

### 서울의 맨해튼[01]

나는 이렇게 사회 초년병으로 첫 직장인 은행 생활에 적응해 가다가 8개월 만에 그만두고, 1979년 6월, 국영기업체인 한국증권거래소로 전직하게 되어 공채 14기로 입사하였다.

우리들은 서울의 중심가 명동 입구에 있는 구 거래소에서 동기생 24명이 1개월간의 연수 교육을 마치고, 그때 마침 여의도 신사옥이 완성되어 회사 전체가 이사하게 됨에 따라, 1979년 7월 2일부터 여의도에서 근무를 시작했다.

그 당시 여의도에는 큰 빌딩이 많지 않았고, 대형 건물로는 국회의사당, 전국경제인연합회, KBS, 전신전화국, 여의도 종합상가 등과 몇 군데의 아파트 단지가 전부였다.

지금의 여의도 공원은 옛 군용 경비행장 활주로였는데, 그곳을 포장한 후 청소년들이 자전거 타기 등 간단한 운동이나 소모임 등으로 활

---

01  맨해튼(Manhattan) : 미국 뉴욕주의 뉴욕시티에 있는 자치구. 허드슨강과 이스트강으로 둘러싸여 있는 섬으로 세계의 상업 · 금융 · 문화 · 패션의 중심지

용하는 아스팔트 광장이었다. 여의도 땅 대부분이 허허벌판 황무지 같은 공터로 방치되어, 땅값도 평당 10~20만 원에 지나지 않았다. 당시 증권거래소 부지도 평당 7만 원에 불하받았다고 들었다.

그러던 곳에 증권거래소가 이전해 온 후 여러 증권회사 본점이 들어서기 시작하더니 증권감독원, 주택은행, 백화점, MBC, TBS, 한국노총, 사학연금, 63빌딩 등이 계속해서 건설되었다.

여의도에는 몇 년 동안 어느 한 곳에서는 반드시 공사판이 벌어지고 있었고, 이렇게 세월이 흐르면서 전혀 다른 모습으로 탈바꿈했다. 그리고 마침내 우리나라 자본시장의 중심지인 '서울의 맨해튼'으로 우뚝 서게 된 것이다.

한국 정치·경제의 중심지 여의도 ▲

증권거래소 입사 후 받은 첫 월급은 19만 6천 원이었다. 당시 대기업 초봉 수준은 보통 15~20만 원이었고, 중소기업이나 7급 공무원 등은 10만 원 정도였다. 땡전 한 푼 없던 대학생 때 결혼해서 절약이 몸에 밴 우리 가족은 월급의 반을 저축하고 나머지로 생활했다. 이렇게 근검 생활을 하다 보니 얼마 후엔 경제적 여유도 생겼다.

그후 우리 집은 여의도에 가까운 개봉동으로 이사를 했고, 1981년도에는 안양시 동안구 비산동에 13평짜리 주공아파트를 융자 포함 총 760만 원에 매입했다. 드디어 내 손으로 생애 최초로 내 집을 마련하고 보니 흥분되어 며칠간 잠을 설쳤던 기억이 새롭다.

나의 증권거래소 첫 발령 부서는 시장부였다. 시장부란 당시 27개 증권회사에서 파견된 '시장대리인' 200여 명이 함께 참여하며, 수작업으로 증권 매매가 이루어지도록 하는 증권시장의 최일선 핵심 부서이다.

우리나라 주식거래는 1970년대 중반까지는 격탁매매擊柝賣買〈일명 딱따기〉 방식에 의했다. 이는 매도자와 매수자를 일정 장소에 집합시켜 주문을 내게 했다가 거래소 담당 직원이 가격과 물량이 합치하는 순간 딱따기를 쳐서 집단으로 매매를 성립시키는 것을 말한다. 지금은 상상이 안 되겠지만 모든 업무를 그렇게 수작업으로 처리했다.

그러다가 1971년부터 현대식 개별경쟁매매가 등장했다. 여전히 컴퓨터는 없었고, 일명 포스트 매매라고 하는데, 증권사 시장대리인들이 포스트에 주문표를 써내면 거래소 직원이 일치하는 주문에 따라 거래를 성사시키는 방식이다.

그러나 1970년에 중반부터는 상장회사 수가 급증하면서, 매매거래가 지연되고 각종 사고도 발생하여 수작업에 의한 증권 거래는 한계를 드러냈다. 그리하여 1977년 '한국증권전산(주) (KOSCOM의 전신)가 설립되고 증권 업무의 전산화 작업이 본격적으로 시작되었다.

그로부터 6년 후인 1983년에는 매매주문 등 일부 업무가 전산화되었고, 1988년에 이르러서는 오늘날과 같은 주식 자동매매체결 시스템(SMAT)이 완성되었다.

한편, 증권거래 시스템이 전산화되어 가는 과정에서 증권거래소의 여의도 신사옥 이전과 함께 처음 선보인 본관 2층 증권 시장내에 설치된 대형 전광판은 장안의 화젯거리가 되기도 했다.

옛 명동 증권시장 ▲    1980년대 여의도 증권시장 ▲

그렇게 몇 년이 흐르는 사이, 나 역시 서울 생활과 직장 생활에 완전히 적응하면서 정신적으로나 경제적으로 비교적 안정적인 생활을 하게 되었다. 그런데 그 무렵 다른 한편에서는 또 한가지 고민거리가 생겨나기 시작했다.

당시 금융권에서는 대졸 사원의 경우 대략 입사 3년쯤 되면 과장대리로 승진하는 것이 일반적 관행이었다. 그러나 거래소라는 직장이 일의 강도나 급여 면에서 워낙 안정적이다 보니 퇴직자가 많지 않았고,

타 금융기관처럼 지점도 없어서 무작정 승진시킬 수 없는 터라 인사 적체 문제가 심각했다.

그래서 우리 14기가 입사 4년 차가 되어 대리시험 응시 자격을 갖게 되었을 때는 공채 9기 이후 재시험에 응시하게 된 선배들과 14기까지 80여 명이 함께 시험을 치러야 하는 최악의 상태가 되고 말았다.

당시 일부 언론에서 '신이 내린 직장 또는 신이 감추어 둔 직장'이라며 부러워하던 거래소였지만 내부적으로는 이런 문제점을 안고 있었던 것이다.

보통 대리 시험 준비는 1년 전부터 시작하는데, 응시자는 시험 1~2개월 전에는 동료들의 배려로 일상 근무를 거의 열외하고, 하루 12시간 이상을 시험공부에 매달리는 강행군을 했다. 나도 그때는 고시 공부할 때처럼 열심히 공부했었다.

시험과목은 총 4과목이고 개별과목 합격을 인정했다. 그래서 승진 전까지만 4과목을 모두 합격하면 된다.

그런데 나중에 알고 보니 거래소는 대리 자리가 부족하여 경쟁이 치열했었지만, 다른 금융기관 역시 해마다 몇백 명씩 공채했기 때문에 승진시험 경쟁이 치열하기는 마찬가지였던가 보다.

그때쯤 어느 해인가 농협중앙회 입사 동기생 3명이 직장 근처에 방을 얻어 합숙하며 대리 승진 시험 준비를 하다가 연탄가스 중독으로 모두 숨진 안타까운 사건이 발생하여 충격을 주기도 했다.

내가 처음 응시한 그해 시험 결과, 전과목 합격자는 27명이었다. 우리 동기는 그때 시험 자격이 되는 직원 6명이 응시하여 나를 포함한 2

명만 전 과목이 합격했다. 그러나 한 번에 합격했다고 해서 특별히 먼저 승진 발령이 나는 것은 아니었다.

돌이켜보면 이때가 나의 인생에 또 한 번의 시련기였다. 승진 발령이 거의 연공서열식이다 보니 나는 입사 8년 만에야 대리가 될 수 있었다.

이 승진 대기기간 중에 직원들에게도 많은 신상 변화가 있었다. 인사 적체를 견디지 못한 상당수 직원이 증권회사 등에 경력사원으로 특채되어 한두 직급씩 높여 이직한 경우가 많았다. 우리 동기 중에도 사표를 내고 증권회사로 전직하기도 하고, 고시 공부를 다시 시작하거나 외국 유학을 떠난 친구도 있었다.

이 시기에 어림잡아 승진 대상자의 반 이상이 거래소를 떠난 것 같다. 그때 나도 여러 증권회사로부터 몇 차례 이직 제안을 받고 심각하게 고민을 하기도 했으나, 실적 위주의 증권회사 영업을 잘해 낼 수 있을지도 의문이고, 책임져야 할 가족도 있었고, 보수적 성격인 나로서는 모험하지 않기로 했다. 그리하여 평생을 거래소 맨으로 남게 되었다.

당시 내가 이직하지 않은 것이 잘된 결정인지는 뭐라 말할 수 없다. 인생에 정답이 없지 않은가. 긴 인생을 살아가다 보면 신상에 변화가 오는 중요한 결정을 내려야 할 때가 몇 차례 있다.

그런 고비가 닥칠 때마다 심사숙고하여 의사결정을 하고, 한번 결정을 내리면 그에 최선을 다하는 것만이 정답이 아니겠는가.

## 2. 증권시장의 파숫꾼

**거래소 중견간부 시절**

과장 대리로 약 5년 근무한 후, 입사 13년 만인 1992년 초에 드디어 과장으로 승진했다. 과장課長이란 기업 내 조직구조에서 한 부서에 소속된 1개 과를 이끌면서 기업의 목표 달성을 위한 경영의 실무를 추진하는 실질적인 중간관리자이다.

보통 기업에서 중견 간부로서 과장이라는 직책은 '직장생활의 꽃'이라 불리 운다. 그 이유는 과장은 자신의 의지를 업무에 직접 반영시킬 수 있고, 이런 과장들의 업무 추진 성과가 모여 그 기업의 실적으로 직결되기 때문일 것이다.

돌이켜보면 나도 과장 때, 참 많은 일을 가장 열심히 했었던 것 같다. 밤 10시까지 야근은 보통이었고, 어느 때는 새벽까지 일할 때도 많았다. 그런 이면에는 어렵게 승진한 점도 있었지만, '크게는 국가 경제 발전에 공헌하고, 작게는 증권계와 상장기업들을 선도'한다는 긍지와 자부심으로 가득하던 시기였기에 가능했다.

과장 승진 후 첫 발령 보직은 연수과장이었다. 어느 조직이나 직원은 입사 초부터 퇴사할 때까지 직급에 따라 여러 종류의 사내외 교육 훈련을 받게 된다. 이를 기획하고 집행하는 실무책임자가 연수과장이다.

당시 홍인기 이사장님은 '직원의 역량 강화가 곧 조직의 역량을 키우는 것'이라는 의지를 실행에 옮기신 분이셨다.

우리나라는 1988년 서울올림픽을 계기로 해외여행 자유화가 시행되었는데, 그 이전에는 일반 국민이 해외에 나간다는 것은 상상할 수 없는 무척 어려운 일이었다.

이런 환경에서 우리 거래소는 미국 미시간주의 이스트 랜싱(East Lansing)에 있는 미시간 주립대(MSU)와 콜로라도주의 덴버(Denver)에 있는 콜로라도 주립대(CSU)에 1년간 장기 연수를 보내고, 매년 우수 직원을 선정하여 해외 증시를 견학하는 제도를 새로 도입하였다. 뉴욕과 동경에 주재원도 상주시켰다.

그리고 매년 숙박을 함께하는 전 직원 연찬회를 개최했으며, 그때까지 없던 사가社歌를 공모·제정하여 월례 조회 시간에 직원들이 제창토록 하는 등 직원들의 애사심과 자긍심을 높이는 데 주력했다. 덕분에 나는 눈코 뜰 새 없이 바쁜 나날을 보냈다.

공시과장 때에는 내가 대리 때부터 'IR'이라는 새로운 개념을 국내 최초로 도입하여 연구하던 IR 업무를 상장기업이 실무적으로 활용토록 구체적으로 관련 내용을 정리하여 전파하였다. (이는 다음 장에서 따로 설명한다.)

그리고 그동안 명동에만 있었던 '기업 내용 공시실'을 부산, 대구, 광주에도 확대 설치했는데, 나는 사무실 임대부터 모든 것을 책임지고 실행하였다. 또한, 여러 TV 방송에 출연하여 상장기업 실적 등을 설명하기도 하고, 상장협의회 주관 '상장기업 재무 담당자 연수' 과정의 강사로도 활동하며 증권 인구 저변 확대에도 힘을 보탰다.

감리과장 때에는 선진국의 '내부자 거래제도'를 조사하여 우리 시장에 적합한 제도를 마련하여 시행토록 했다. 이를 위해 해외 출장도 다녀왔다. 그리고 증권 정보 담당자로서 증권감독원, 증권회사, 경찰청, 안기부 직원들과 상시 정보 교환 채널을 만들어 증권 거래 질서 확립에도 기여했다.

홍보실 차장 때에는 거래소에 출입하는 100여 명의 각 언론사 증권 경제 담당 기자들과 동고동락하며 보도자료 등 편의를 제공했다. '한증 소식'이라는 사내 소식지도 제작하여 보급했고, '청소년 경제 교실'을 운영했다. 마침 그때 거래소가 '사법연수생의 실무연수 기관'으로 지정되어 참가자들의 연수도 담당했다.

1990년대에 들어와서는 우리 증권시장은 외국인에게 개방하기 시작했고, 그 대상과 범위를 단계적으로 확대하여 90년대 후반 들어서는 사실상 완전히 개방함으로써 2000년대 외국인 투자 활성화에 크게 기여하였다.

그러나 1997년 11월, 우리나라는 건국 이래 최대의 경제 난국에 직면하게 된다. 대외 의존도가 높은 우리 경제가 대외 지급 불능 상태가 되어 국제 통화 기금에 긴급 유동성 자금 지원 요청을 하게 되니 소위 'IMF 사태'가 그것이다. 내가 상장공시부 차장으로 근무할 때였는데, 우리 부에서도 '기업 지배구조 개선과 회계 제도 투명성 제고 및 공시 제도 강화' 문제가 크게 이슈가 되었었다.

그리고 신상품 개발에도 힘을 쏟아 상장지수펀드(ETF)와 주가 연계 증권(ELS)이 개발되어 일반투자자도 투자할 수 있게 하였다.

주가감시실이란 증권시장에서 거래되는 모든 증권거래의 내역을 시장 개장 시간 내내 실시간으로 감시하는 곳이다. 컴퓨터를 통하여 상시 모니터링 중 급격한 가격변동이 발생하면 투자자에게 경고 신호를 보내는 서킷 브레이커와 사이드카[01]를 발동하여 증권시장에서 신호등 같은 역할을 하고, 주가조작, 대량매매, 시세조종 등 불공정거래 개연성이 의심되면 심리부에 의뢰하여 조사토록 조치한다.

또한, 거래소 방문 견학자들에게 홍보실, 시장부와 함께 최일선에서 증권시장을 홍보하는 역할도 담당한다.

나는 주가감시실장을 끝으로 명예퇴직하여 인생의 황금기 반평생 동안 희로애락을 함께한 정든 직장 한국증권거래소를 떠났다.

---

01 서킷 브레이커(Circuit Breakers)와 사이드카(Sidecar): 주식시장에서 주가가 급등 또는 급락하는 경우 주식매매를 일시 정지하는 제도. 서킷 브레이커는 주식현물시장에서 주가지수가 일정 기준 이상 하락 시 투자자의 손실을 방지하기 위하여 시장 전체의 매매를 중단시키는 것이고, 사이드카는 선물시장 상황이 급변하는 경우 프로그램매매 호가의 효력을 일시 정지시키는 것을 말한다

### IR의 도입

내가 증권거래소에 근무하면서 가장 보람된 일로 기억되는 것 중의 하나는 우리나라 최초로 'IR'이라는 신개념을 도입했다는 사실이다.

우리나라 증권시장은 1956년에 개설된 이래 거의 20여 년이 지나도록 초보 증권시장에 머물다가 1979년 여의도 시대에 들어와서야 비로소 비약적인 성장을 이루게 된다.

이렇게 증권시장이 성장하며 1990년도에 들어서자, 거래소에서도 국제 표준(Global Standard)에 부합하는 선진 증시 제도를 하루빨리 도입하여 우리 시장에 정착시키자는 분위기가 형성되었고, 이에 따라 연초가 되면 각 부서에서는 장단기 업무계획을 세워 보고하면서 앞다퉈 선진제도를 발굴 도입하려고 크게 노력했다.

그때 마침 내가 근무하던 공시부에서는 새로운 선진제도로 'IR'을 도입하는 문제를 계획하게 되었고, 나는 담당 대리로서 자연스럽게 이 업무를 맡게 되었다.

일반적으로 'PR'은 '현대는 자기 PR 시대'라는 말이 있을 정도로 널리 알려진 용어인 데 비해, 'IR'은 지금까지도 일반인들에게는 잘 알려지지 않은 생소한 용어이다.

이는 PR(Public Relations)이 일반인을 상대로 홍보하는 것을 말하는 반면 IR(Investor Relations)은 기업투자자들을 대상으로 기업의 경영과 관련한 정보제공 활동으로 그 대상이 한정되어 있기 때문이다.

말하자면 IR이란 '대 투자자 관계'를 의미하며, 기업과 투자자를 연결하는 의사전달 과정(Communication) 즉 '기업의 대 투자자 정보 서비스 활동'인 것이다. 따라서 어느 한 기업이 현재 또는 잠재적 투자자들에게 자기 기업의 경영 내용과 전망에 대하여 투명하게 밝힘으로써, 궁극적으로 자본비용(Capital cost)을 인하하여 기업가치를 증대시키기 위한 모든 홍보 활동을 말한다.

그러므로 IR은 '침묵하는 경영'에서 '말하는 경영'으로 전환하는 전략적 정보활동이라 할 수 있고, 전미 IR 협회[02]에서는 'IR은 기업의 재무 기능과 의사전달 기능을 결합시킨 전략적이고 전사적인 마케팅 활동이며 투자자에게 그 장래 성과에 관해 정확한 모습을 보여주는 것이다.'라고 정의하고 있다.

'IR'이라는 용어는 1953년 미국의 GE사가 최초로 사용한 후 40여 년이 흘렀었지만, 그때까지만 해도 우리나라에서는 'IR'이라는 용어 자체를 모르고 있었다. 나는 미국과 일본 등의 여러 관련 서적과 자료들을 조사하여 '선진국의 IR 현황'에 관한 리포트를 작성하여 보고하였고, 비로소 우리나라에도 'IR'이라는 용어가 새로이 등장하게 된다.

이를 계기로 나는 1992년 3월, 미국 뉴욕의 메릴린치(주)와 워싱턴의 전미 IR 협회, 그리고 일본 동경의 노무라 IR(주)에 직접 단독 출장을 가서 더 많은 자료를 확보하였다.

출장을 다녀온 후 이를 정리한 '출장보고서'를 고병우 이사장님(후일 건설부 장관 역임)의 특별 지시에 따라 소책자로 발간하여, 거래소 전 직원과 증권사 및 관련 업계에 배포함으로써 우리나라에 IR이 본격적으로 알려지게 된다.

---

02 전미 IR 협회(NIRI); National Investor Relations Institute를 말하며, 미국 워싱턴 DC에 본부가 있다

이 일로 인하여 나는 '우리나라 최초의 IR 도입자 또는 전도자'라는 영광스러운 타이틀을 얻게 되었다.

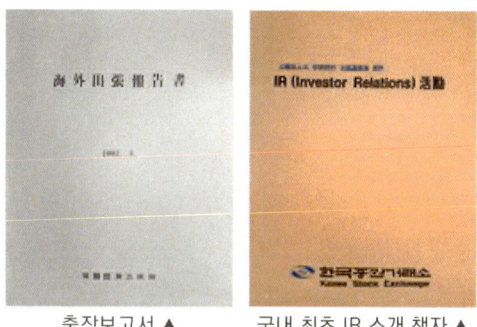

출장보고서 ▲　　국내 최초 IR 소개 책자 ▲

그 후 1992년 11월에는 네델란드 암스테르담에서 제3차 '국제 IR 연맹 회의'가 개최되어 14개국 170여 명의 IR 관련자들이 참석하였는데, 나는 연수과장으로 근무할 때였으나 공시부 오 부장님과 함께 우리나라 대표로 참석하기도 했다.

그리고 1993년 11월에는 ㈜경동보일러와 삼화페인트(주)의 기업공개를 위한 기업설명회 및 산업 시찰을 했는데, 이것이 우리나라 최초의 공식적인 IR 활동이다. 이후 10여 개사의 상장기업들이 잇달아 IR을 실시함으로써 기업들의 IR 활동이 본격화되었다.

또한, 몇 년 후 박창배 이사장님 시절에는 거래소 주관으로 외국인 투자자 유치를 위해서 삼성전자, 현대자동차 등 국내 유수 기업 10여 개사가 참여하는 '해외 IR'을 뉴욕, 홍콩, 런던에서 개최하였는데, 그때 나는 마침 홍보실 차장으로 근무할 때여서 출입 기자단의 취재를 위하여 함께 출장 가기도 했다.

이러한 과정을 거쳐 오늘날 'IR'은 일반투자자는 물론 증권사, 기업, 기관, 언론사 등에서 쉽게 사용하는 보편적인 용어가 되었다.

**주택 조합과 하계 연성장**

우리나라에서 '내 집 마련의 꿈은 누구에게나 나름의 큰 의미를 갖는다'는 것은 두말할 필요가 없다. 지금도 그렇지만 옛날에는 훨씬 더 간절한 꿈이었다. 특히 아파트 하나 장만한다는 것은 정말 대단한 일이었다. 너도나도 청약부금이나 청약예금에 가입하여 신규 아파트를 분양할 때마다 경쟁률이 무척 높아 당첨되기란 하늘의 별 따기만큼이나 어려웠다.

그런데 직장주택조합은 이와 같은 아파트를 훨씬 쉽게 장만할 수 있는 제도이다. 직장주택조합이란 직장 내에서 주택조합을 설립하여 조합원을 모집한 후 이들이 낸 분양금의 분납금으로 용지를 매입하고, 건설사를 선정하여 아파트가 완공되면 조합원이 입주하게 된다.

이는 굴지의 회사가 보증하고 지원하기 때문에 건설사가 당해 회사를 믿고 사업을 진행할 수 있어서 가능한 일이었다. 그리고 무엇보다도 무주택 직원들만이 신청 자격이 있어 일반 시민들의 청약 경쟁률과는 비교가 안 될 만큼 낮았으나, 아파트 마련의 효과는 일반 당첨자들과 똑같은 장점이 있었다.

1985년, 우리 회사도 서울대, 교육부 직원들과 공동으로 주택조합을 결성하고, 조합 구성 3년 만에 아파트를 완공하였다. 그때 거래소에서는 90여 명이 신청하여 내 집 마련의 꿈을 이루었다.

나는 부조합장으로 박 조합장님과 이 총무와 함께 이 일을 추진했다. 그 과정에서 한 가지 아쉬웠던 점은 우리는 아파트 용지로 강남구 역삼동과 구로구 고척동을 저울질하다가 땅값이 저렴하고 회사에서 가깝다는 이유로 고척동으로 정했었는데, 경제적 측면에서 보면 역삼동을 택하지 않은 것이 지금까지도 후회막급이다.

아무튼 당시에 참여했던 직원 대부분이 목돈이 없었고, 은행 대출 외에는 자금 조달 방법이 막막한 상태였다. 그러나 다행히 회사에서 개인별로 5백만 원씩 무이자 대출을 해주어 조합원 모두 아파트가 완공된 1988년 초에 무난히 입주할 수 있었다.

당시 분양가는 34평형이 약 3천만 원 정도였으니, 주택조합 아파트는 회사에서 직원들에게 준 큰 혜택이었음이 분명하다.

직장에서 준 또 다른 큰 혜택으로는 '하계 연성장' 운영을 들 수 있겠다. 연성장이란 회사에서 임대 등의 방법을 통해 직원들에게 여름 휴가 장소를 제공하는 것을 말한다.

이는 대기업을 비롯한 어느 정도 규모가 큰 기업에서 1980년대 초부터 운영하기 시작했던 제도인데, 이때까지만 해도 먹고살기 바쁜 일반 시민이 여름휴가를 떠난다는 것은 일종의 사치였고, 더군다나 개인적으로 가족과 함께 멀리 간다는 것은 자동차가 거의 없던 시절이라 꿈도 꾸기 어려웠다.

그런데 우리 회사에서는 매년 여름 연성장이 꾸려져 직원 가족들이 전국의 유명한 휴양지를 쉽게 방문할 수 있었다. 설악산, 근덕, 감포, 남해상주, 대천, 만리포 해수욕장 등에 숙소를 마련해 놓고 관광버스로 모셔다드리고 모셔 온다. 물론 공짜다. 이는 당시 사회 여건상 애사심이 절로 생겨나게 하는 대단한 특혜가 아닐 수 없다.

직원들은 휴양지에서 새로 만난 직원들과 서로 친해지기도 하고, 생각지도 못한 갖가지 에피소드를 만들어 냄으로써 하계 연성장은 직장 생활 중 잊지 못할 추억의 하나로 남게 되었다.

설악산 등 하계연성장에서 ▲

### '못다 한 말'을 위한 변명

내가 증권거래소에 근무하면서 경험한 애로사항 중 하나는 오랜만에 행여 지인들을 만나게 되면, 보통 다음과 같은 질문을 받곤 하여 그때마다 무척 곤혹스러웠다는 점이다.

"너는 어느 증권(?)에 다니느냐?"
"돈 많이 벌었겠구나. 좋은 주식 종목 하나 좀 찍어 줘!"

그러면 그때마다 나는 우리 거래소 직원은 '증권거래법의 내부자거래 금지 규정'에 위반되어 주식투자에 대해 뭐라고 말할 수 없으니, 증권회사를 찾아가 보라고 설득하느라 애를 먹곤 하였다.

사실 우리나라 증권시장은 1956년 3월에 12개 상장회사로 출발하여 1970년대 초까지만 하더라도 상장회사가 48개에 지나지 않았고, 시가총액도 1천억 원에 불과하여 걸음마 단계를 벗어나지 못하고 있었다.

그러다가 1972년 12월에 '기업공개 촉진법'이 제정·시행되면서부터 시장이 크게 성장하기 시작했는데, 1970년대 중반에는 오일머니를 앞세운 중동의 건설경기 붐을 타고 건설주가 급등했다가 1978년에는 건설주 파동을 거치는 등 부침을 거듭하였다.

그리고 마침내 1978년에는 상장사가 무려 356개사에 이르렀고, 1일 거래대금도 1960년대에 약 1백억 원~2백억 원 규모이던 것이 1980년대에는 1조 원을 돌파하게 되었다.

그러나 이때까지도 한국증권거래소 상장기업의 시가총액 규모는 동경 증권거래소의 약 4%, 뉴욕 증권거래소의 약 1% 정도에 불과하여 세계에 명함도 내놓을 수 없을 만큼 존재가 미미했다. 그러니 일반 국민은 증권에 대하여 거의 문외한일 수밖에 없었던 것은 당연했다.

그로부터 10여 년이 흐른 1988년에 '자본자유화 확대 조치'가 시행되어 외국 자본이 본격 증시에 유입되고, 포항제철과 한국전력이 일반 국민을 상대로 소위 '국민주'를 공모함으로써 '증권'이라는 개념이 국민에게 본격적으로 널리 알려지게 되었다.[03]

그리고 2020년대에 들어오면서 우리나라가 세계 10대 경제 대국으로 발돋움하며 증권시장도 비약적으로 성장하게 된다. 최근 우리나라 경제 규모는 국내총생산(GDP)이 1조 8천억 달러로 국민 1인당 GDP가 3만 6천 달러에 이르고, 연간 무역 수출입액이 1조 4천억 달러에 달해 명실상부한 경제 대국이 되었다.

이와 함께 2021년도 증권시장의 경우 한국거래소 상장기업 수는 2천3백여 개사로 시가총액이 2천6백조 원, 1일 거래대금이 26조 원을 상회하여 동경 증권거래소의 약 30%, 뉴욕 증권거래소의 약 5%에 이르는 세계 12위권의 증권시장으로 성장했다.

그러는 사이 옛날에는 상상도 할 수 없었던 주식 투자로 돈을 벌어 갑부가 된 사람들이 수없이 나타났다. 시중에는 주식 투자에 관한 전문 서적이 넘쳐나고, 한때는 증권 펀드 매니저와 에널리스트가 최상위

---

03  김봉수, 한국증권거래소 55년사, 한국거래소, 2011

신랑감 후보가 된 적도 있었다.

사실 이 책의 초기 원고에는 '증권에 관한 기초상식', 즉 투자자를 위한 제언을 소상하게 적은 글이 포함되어 있었다. 그런데 최종 편집 단계에서 이 부분을 완전히 삭제해 버렸다. 이 글을 싣는다면 이를 읽은 지인들이 "젊을 때는 물어봐도 대답도 안 하더니 이제 와서 뭔 소리를 하는 거냐?"고 당장 쫓아올 것 같아서였다.

아무튼 내가 거래소에 입사하던 1970년대 말까지만 하더라도 우리나라 대다수 국민에게 '증권'은 생소한 개념이었고, 증권투자자도 많지도 않았을 뿐만 아니라 '증권투자를 해서 성공한 사람은 없다'는 말이 유행할 만큼 증권투자는 쉬운 일이 아니었다.

이런 상황에서 나의 주식 투자 상식에 관한 얘기를 듣고 주식시장에 뛰어들었다가 자칫 큰돈을 잃게 되는 날에는 완전히 패가망신하게 되는데, 어찌 원망이 없겠으며 나도 도의적 책임에서 벗어날 수가 있었겠는가. 그리고 나 역시 무슨 정보를 제공했다가 감사에라도 걸리는 날에는 직장에서도 쫓겨날 판이 된다.

또한, 직위가 올라가면서는 더욱더 주식 투자 관련 얘기는 할 수가 없다. 이는 증권 관계기관 직원들의 불문율이다. 그래서 이제 나의 이러한 변명 아닌 변명을 흔쾌히 받아 주길 바랄 뿐이다.

결론적으로 오늘날 주식시장은 개미군단이 기관투자자와 겨룰 수 있을 만큼 성장해서 주식을 모르는 사람이 거의 없고, SNS나 유튜브를 통하여 정보도 풍부하고 전문가도 넘쳐나고 있다.

그러나 나에게는 지금이라도 증권투자에 대하여 꼭 한마디 하고 싶은 이야기가 있긴 하다.

경제학에서는 '공짜 점심은 없다. (There is no such thing as a free lunch)'라는 명언이 있다. 이는 '어떤 경제적 이익도 저절로 얻어지는 것은 없다'는 뜻으로, 주식투자 역시 자신의 노력만큼 대가를 얻을 것이니 자기 페이스대로 투자해야 한다는 것이다.

그리고 가치투자의 원조 벤저민 그레이엄은 주식투자로 돈을 버는 방법으로 '절대로 돈을 잃지 말아야 한다'라면서, 그 원칙으로

제1조; 돈을 잃지 말라. (Don't lose money)

제2조; 제1조를 절대 잊지 말라. (Don't forget rule No.1)

이라고 제시하였다.

그러므로 나의 지인 중 지금도 정말 주식투자를 하고 싶은 분이 계신다면, 현재 시중에 넘쳐나고 있는 주식 관련 전문 서적을 찾아서 몇 번이고 읽어 보고 신중하게 투자에 임하기를 권한다.

### 명예 퇴직

명예퇴직이라는 말만 들어도 떠오르는 게 있다. IMF 사태 당시 어쩔 수 없이 사표를 내고 직장을 떠난 제일은행의 명예 퇴직자들의 모습을 촬영한 '눈물의 비디오'이다. 온 국민의 눈물샘을 자극한 이 비디오는 우리 사회에 큰 파장을 불러일으켰는데, 같은 금융인으로서 나는 운 좋게 살아남은 것 같아 너무나도 미안하고 가슴 아픈 사연이었다.

어느덧 세월은 흘러 이러한 명예퇴직이 나에게도 찾아왔다.

2005년 1월 27일, 한국증권거래소, 한국선물거래소, 코스닥 증권시장(주), 코스닥 위원회 등 4개의 기관이 통합되어 글로벌 거래소로서의 기반 확립으로 자본시장 선진화를 이루게 되는 통합 거래소인 '한국증권선물거래소'(2009년 2월4일, 다시 '한국거래소'로 명칭이 변경되었음)가 설립되고, 본사를 부산에 두게 되었다.

이때가 '국가 균형발전 정책'의 일환으로 대부분의 정부 투자 기관 본사가 지방으로 이전되던 시기다. 이에 따라 거래소도 본사가 부산으로 이전하게 되었는데, 이 과정에서 '잉여 인력 정리'라는 명목으로 명예퇴직이 실시되었다.

당시 거래소 정년퇴직 연령은 만59세였고, 나는 정년이 52개월 남아 있는 상태였는데, 갑자기 부산으로 내려가기보다는 회사에서도 인력 감축이 필요하고, 어떠한 퇴직 강요 없이 명퇴자에 대한 대우도 섭섭지 않은 조건이어서 자발적으로 퇴직을 선택했다.

그때 부장급 20여 명을 포함하여 100여 명의 직원이 명예퇴직을 신청하였고, 2005년 1월 25일 자로 수리되었다.

퇴직 후 한동안은 그야말로 제2의 인생 황금기였다. 아침에 늦잠을 자도 되고, 온종일 빈둥거려도 간섭하는 사람이 없고 눈치 볼 사람도 없어서 좋았다.

그리고 나는 '백수가 과로로 쓰러져 죽었다'는 우스갯 소리를 실천이라도 하려는 듯 매일매일 너무나도 바쁜 시간을 보냈다. 마치 학창 시절 방학이 다 끝나갈 즈음에야 밀린 방학 숙제를 몰아서 하는 것처럼 정신이 없었다.

    당시 명예퇴직을 한 부장급 동료 중 20여 명이 의기투합하여 '125회'라는 모임을 만들었다. 우리들은 매월 새로운 산과 전국의 맛집을 찾아다녔고, 해외 산행과 해외 골프 여행도 여러 차례 다녀왔다. 그 후로도 125회는 20여 년이 지난 지금까지 잘 유지되고 있다.
    (나는 이 모임 외에도 거래소 은퇴자들의 또 다른 모임인 '한증 동우회' '동기회' '목성회' '증문회'에도 열심히 참여하고 있다.)

125회 회원들 ▲

# 3. 재충전의 시간

### 서울대 연수

직장에서 고참 과장급이었던 나는 1997년 3월, 서울대학교 경영대학 고급금융과정(ABP; Advanced Banking Program) 10기로 6개월 동안 연수를 받았다.

그 시절 각 대학에서는 분야마다 일반 사회인이나 직장인을 대상으로 하는 이런 연수 프로그램이 유행처럼 개설되고 있었는데, 직장으로서는 조직원에게 업무 역량 향상과 재충전의 기회를 주고, 대학 입장에서는 새로운 이론과 고급 정보를 제공하여 그 댓가로 경제적 효과도 얻을 수 있는 윈윈 프로그램이었다.

연수는 업무 후 야간수업을 통해 이루어지는 것이 아니고, 매일 직장 대신 학교 강의실에 출석하여 마치 학생 때처럼 일주일 내내 수업을 받는다.

나는 이왕이면 우리나라 최고 지성의 상아탑으로 자타가 인정하는 서울대학교에서 운영하는 과정에 참가 신청을 했다. 연수생들은 은행, 증권, 보험 등 금융기관의 과장, 차장급 중견 간부들이었다.

우리 동기생은 45명으로 5명씩 9개 반으로 나누어 분임토의나 서클활동 등 각종 연수 프로그램을 수행했는데, 대부분 활동이 반을 중심으로 이루어졌다. 그래서 반원끼리 유독 가까워질 수밖에 없었는데, 우리 2반은 반장인 나와 김상익(한국은행), 박인규(대구은행), 이익수(한국투신), 조원익(농협)으로 구성됐다.

연수 내용은 경영 대학원에서 배우는 전 과목을 6개월에 걸쳐 요약해서 배웠다. 대학 졸업 후 20여 년 만에 접하게 된 각 전문 분야 최고 권위있는 교수님들의 알찬 강의로 그동안 잊고 있었던 변화된 각종 지식을 습득하고 새로운 정보를 얻을 수 있어서 재충전의 좋은 기회가 되었다.

우리 동기 중에는 유능한 분들도 많아 후일 농협은행장과 대구은행장이 나오기도 했다. 그리고 무엇보다도 연수기간 동안 동락 하면서 동기생끼리 유대가 돈독 해진 것은 값진 수확이었다. 우리들은 지금도 애경사를 함께 하면서 가끔 만나고 있다.

특히 우리 2반은 그동안 부부 동반으로 싱가포르, 홍콩 등 해외여행은 물론 제주도 마라도, 포항 문무대왕릉 등 국내 명승고적을 찾아다니며 30여 년간의 끈끈한 유대를 과시하고 있다.

연수 중 기억에 남는 인기 만점의 행사로는 매주 수요일 오후 체력 단련 시간에 사제간 일체가 되어 관악산 정상까지 3시간여 동안 등반을 마친 후 하산하여 갖는 '맥주 타임'이다.

이 행사에 거의 매번 참석하셨던 고정 멤버로는 ABP 담당 책임교수이신 곽수근 교수님 (회계학)과 증권거래소 사외이사이신 박정식 교수님 (투자론), 그리고 나중에 국무총리를 역임하신 정운찬 교수님 (거시경제학) 등이었다.

서울대 ABP 수료식 기념 ▲

**일본 연수**

1980년대 중반까지도 우리나라에는 자정부터 익일 새벽 4시까지 통행금지가 있었고, 30세 미만 국민은 해외 출입국이 일부 제한되어 있었다.

그러나 한국경제의 한 축인 증권시장을 책임지고 있는 거래소에서는 매년 미국과 일본에 연수생을 각 2명씩 선발하여 2~3개월씩 연수시켜, 선진 증권제도 관련 지식을 습득하도록 하여 국가 경제 부흥에 일조하고자 하였다.

이러한 연수생으로 선발되기 위해서는 우수한 근무평점은 물론 사내 해당 국가 어학 시험을 통과해야 했다. 나는 제반 사항을 고려한 끝에 일본 연수를 선택하기로 하고, 직원 10여 명과 의기투합하여 일과 시간 후 선생님을 사내로 초빙하여 일어를 기초부터 배우기 시작했다.

그리고 3여 년의 세월이 흐른 후인 1988년 5월, 서울올림픽 직전 드디어 김 과장님과 함께 연수생으로 선발되어 꿈에 그리던 해외 연수를 떠나게 되었다. 일본의 동경 증권거래소와 노무라野村 증권(주)로 2개월간 연수를 가게 된 것이다.

나의 해외 첫 경험이 된 일본에서의 생활은 놀라움의 연속이었다. 당시만 해도 우리 국민의 대일 감정이 좋지 않은 상황이었고, 나도 마찬가지였다. 그런데 일본에 직접 가서 보니 '아! 이래서 일본이 선진국이구나'하고 무척 부럽기만 한 묘한 감정에 빠져들고 말았다.

내가 느낀 일본에 대한 첫인상은 '모든 것이 잘 정돈되고, 크고, 넓고, 깨끗하다'는 것이었다. 더욱이 몸에 밴 일본 사람들의 친절함은 놀라울 정도였다. 깨끗하게 정돈된 도시와 선진화된 시민 의식, 완벽한 치안 상태, 울창한 산림, 잘 발달 된 철도와 도로 및 항만 인프라, 다양하고 웅장한 사찰 유적지 등 둘러보고는 감탄을 금할 수 없었다.

또한, 우리나라는 1974년에 지하철 1호선(서울역~청량리역)이 개통되었고 84년에야 2호선이 완전 개통되었는데, 60여 년의 역사를 가진 동경 지하철은 그물망처럼 촘촘히 동경 시내와 외곽 지역까지 구석구석 뻗어 있었다.

국토는 남한의 4배, 인구는 2.5배 정도인데, 실제로 바다를 포함한 영토는 10배 정도(북쪽으로는 홋카이도, 남서쪽은 오키나와, 남동쪽은 이오지마 硫黃島)는 되는 것 같았다.

경제 규모는 월간 무역 총액이 200억 달러로 당시 우리나라 연간 무역액 규모에 해당한 금액으로, 미국 다음 세계 제2의 경제 대국임을 실감케 하였다.

그로부터 40여 년이 흘러 오늘날 우리나라가 선진 경제대국으로 성장하면서 드디어 일본을 거의 따라잡아, 2024년도 말 국민 1인당 GNI[01]가 일본을 앞질렀다는 발표를 접하곤 격세지감을 느끼지 않을 수 없다.

우리들의 연수는 월~목요일까지는 동증과 노무라증권에서 제공하는 프로그램에 따라 연수를 받고, 금~일요일은 자유 시간으로 동경 시내뿐만 아니라 각 지역 유명 관광지를 여행하는 알찬 시간을 갖게 되었다. 그때 대우증권 도쿄지점의 강 지점장님이 여러 가지로 많은 도움을 주었는데, 일본 연수를 생각할 때마다 지금도 늘 고맙게 생각하고 있다.

우리가 숙식했던 노무라증권 다까나와高輪 연수센터에는 연수를 받으러 온 아시아 각국 연수생들, 특히 중국 연수생 10여 명이 함께 생활했다. 당시 중국은 '죽의 장막'을 걷고, 막 개방되기 시작하여 우리나라

---

01　GNI (Gross National Income, 국민 총소득); 일정 기간 한 나라의 생산 활동으로 획득한 최종 생산물 총액, 명목 GDP에 자국민 국외 소득을 포함하고, 외국인 국외 지급액은 제외한 것으로 소득의 구매력을 나타내는 지표

와 미수교국으로 처음엔 다소 어색했지만 함께 지내다 보니 금세 친해져 술자리를 갖는 등 즐겁게 지냈다.

그리고 중국은 그때까지는 증권시장이 없었는데, 이들이 일본 제도를 습득하여 귀국한 후 상해, 심천 증권거래소를 개설하는 실무 요원이 되었다고 한다.

또 한 가지 지금으로서는 상상하기 어려운 에피소드로, 1일 연수를 마치고 숙소로 돌아오면 가족들의 안부도 궁금하고 해외에서의 외로움도 달래기 위하여 서울 집으로 전화하곤 했었는데, 그 시절 국제 전화가 잘 발달되어 있지 않아서 서울과 동경 간의 국제 통화료가 3분에 1만 원 정도였다. 그래서 전화를 걸게 되면 몇 마디만 해도 금방 5천 원 정도는 나가곤 해서 미리 준비한 간단한 안부만 묻고 아쉽지만 끊어야만 했다.

나는 휴일을 이용하여 일본 전역을 부지런히 돌아다녔는데, 도쿄 시내에서는 긴자, 신주쿠, 도쿄타워, 황궁, 우에노 공원, 히비야 공원 등을 자주 찾았다. 그중에서도 가장 잊을 수 없는 곳은 동경 디즈니랜드다. 정말 환상적이었다. 당시 우리나라에는 용인 애버랜드가 생기기 전이고, 미국 디즈니랜드는 가보기 전이었다.

북쪽의 닛고日光에 있는 에도江戸 막부의 도쿠가와 이에야스 사당인 도쇼구우東照宮와 99m의 폭포를 자랑하는 케곤華嚴 폭포, 남쪽의 가마꾸라, 하꼬네, 후지산 등반과 서쪽의 마쓰모도, 기다北 알프스를 등반하기도 하였다.

또한, 노무라 연수 도중 1주일간의 오사카大阪 거래소 연수 일정이 포함되어 있었는데, 임진왜란의 원흉 도요토미 히데요시豊臣秀吉가 축조했다는 오사카성, 우리나라 경주와 분위기가 비슷한 헤이안平安 시대부터 천년의 수도인 교토京都와 나라奈良의 사슴 공원, 백제 화가 담징의 금당벽화 전설로 유명한 호류지法陵寺등도 유명하고, 2차 대전 당시 원자폭탄이 투하되었던 히로시마広島도 볼 만하다.

후지산 등정 ▲

닛코의 케곤 폭포 ▲

## 미국 연수

우리나라 경제 규모가 커짐과 함께 증권시장도 비약적으로 발전을 거듭하였고, 그 과정에서 거래소 직원들의 글로벌 마인드 고취를 위한 프로그램의 일환으로 미국의 유명 대학교에 1~2년의 장기 연수를 시행했는데, 나는 2001년 8월부터 1년간 미시간 주립대학교(MSU) 연수생으로 선발되었다.

미시간주에는 세계적인 명문대학교 2개가 있다. 18세기 초에 설립된 세계 20위권 대학으로 알려진 엔 아버(Ann Arbor)에 소재한 공립 미시간 대학교(U-M)와 미국 최상위권 주립대학 중의 하나인 이스트 랜싱(East Lansing)의 미시간 주립대학교이다. 보통 일반인들이 '미시간 대학교'라고 하면 이 두 대학교를 혼동하는 경우가 종종 있는 것 같다.

미시간 주립대의 캠퍼스는 약 600만 평으로 여의도의 6배 정도 되는 면적에 5만여 명의 학생들이 재학 중이었고, 한국 유학생도 600여 명이 다니고 있었다. 이 대학은 1855년에 설립된 연구 중심 대학으로 경영학, 법학, 교육학, 공학, 농학 분야에 명성이 있으며, 특히 농대가 유명하고 교내에 2개의 골프장이 있을 정도로 넓은 캠퍼스를 자랑한다.

나는 그곳에서 아시아 각국에서 온 60여 명과 함께 '국제 전문가 과정(VIPP; Visiting International Professional Program)' 연수를 받았다.

이 과정은 동 대학에서 국제 학장을 역임하셨던 임길진 교수님께서 설계한 프로그램으로 기본적으로 금융 관련 교육 위주로 강의하였지만, 세계 경제를 비롯하여 미국의 정치, 문화, 역사 등 다양한 과목으로 구성되어 있었다. 특히 연수생들의 어학 실력 향상에 많은 시간을 할애했다.

우리나라 연수생은 주로 공무원, 공기업, 언론사 직원들이 참가하였는데 임 교수님은 연수생들에게 많은 도움을 주셨다.

우리가 살았던 집은 이스트 랜싱 니모케 트레일 (East Lansing Nemoke Trail)에 있었고, 바로 옆에 레이크 랜싱(Lake Lansing) 호수와 썬(Sun) 골프장이 있어, 골프 게임을 마치고 가끔 신 부장님 등 연수생 가족들과 함께 바베큐 파티를 즐기기도 했다.

연수기간 동안 기억에 남은 것 중 하나는 카지노 (Casino) 게임을 들 수 있겠다. 미시간주에 있는 카지노는 인디언 보호 기금 조성을 위해 소규모로 운영되고 있어서 배당률이 높아 초보자나 노인들이 이용하기에 안성맞춤이다. 그래서 이곳 카지노는 미국 서부의 라스베가스나 동부의 애틀랜틱시티, 그리고 중국 마카오의 카지노처럼 대규모 화려한 게임장과는 거리가 멀다.

나는 아내와 함께 가끔 찾곤 했는데, 언젠가 장녀(이나)가 미국을 방문했을 때 함께 카지노에 가서 300불 정도의 배당을 받아 온 가족이 랍스타와 킹크랩으로 푸짐한 만찬을 즐긴 적도 있다.

그리고 장남(국현)이 미국에 도착하는 날 '9.11 테러 사건'[02]이 발생하여, 그가 탔던 대한항공이 시카고 공항 착륙 1시간 전에 회항하여 미니애폴리스에 기착하는 바람에 내가 마중 나갔다가 큰 어려움을 겪었었는데, 오래도록 잊지 못할 사건 중의 하나다.

VIPP 연수생들과 함께 ▲

02  9.11 테러 사건; 2001년 9월 11일, 이슬람 근본주의 세력인 알카에다 대원들이 납치한 항공기를 미국 뉴욕 맨해튼의 세계 무역센터 쌍둥이 빌딩 두 곳과 워싱턴 DC의 국방부 건물 펜타곤 등 3곳에 충돌시킨 자살테러 사건이다. 3천여 명의 사상자와 최소 6천여 명의 부상자가 발생하여 전 세계에 큰 충격을 안겨주었다

# 4. 세계는 넓다

## 미시간주 여행

　연수생들은 강의가 끝나면 주중에는 거의 매일 골프장에서 살았고, 주말에는 미시간호 주변의 여러 도시와 관광지를 돌아다니는 것이 주요 일과였다. 연수기간 중에 4회의 짧은 방학 기간이 있어서 미국 전역을 여행하기도 했다.

　미시간주는 미국 중북부 5대호 중 미시간호를 중심으로 오하이오주, 인디애나주, 위스콘신주와 접하고 있으며, 대략 남한 정도의 면적에 약 1,000만 명 정도의 주민이 살고 있고, 주도州都인 랜싱과 자동차 산업으로 유명한 디트로이트가 중심 도시이다.

　지형은 산지가 거의 없다. 가도 가도 끝이 없는 광활한 평지로 구성되어 있으며 미시간호는 남한 절반 정도의 크기이고, 미시간주는 미국 5대호 중 4개가 둘러싸고 있어서 호수와 접한 연안선이 거의 5,000km

에 달한다고 한다.

　미국은 워낙 땅덩어리가 넓은데다 자동차 연료비가 우리나라의 1/4 수준으로 저렴하고, 게다가 대부분 도로가 일직선이어서 자동차 계기판 작동을 순항(Cruse)에 맞춰 놓고 핸들만 조정하면 되어 자동차 운전자의 천국이라 할만하다.

　랜싱에서 자동차로 1시간 거리에는 세계 자동차 산업의 중심지이며 포드, 크라이슬러, 제너럴 모터스(GM)의 본사가 있는 디트로이트시가 있으나, 당시에는 자동차 산업의 위축으로 상당히 슬럼화되어 있어서 시내 중심지 관광은 안전에 대한 염려 때문에 연수생들이 조심하는 위험지역이었다.

　그리고 북쪽으로 올라가면 미국에서 가장 아름다운 호반 중 하나로 선정된 '슬리핑 베어 듄스(Sleeping Bear Dunes) 국립공원' 호반의 환상적인 넓은 백사장을 볼 수 있다. 이 사막 같은 모래 언덕에서 썰매를 타보는 것도 스릴 만점이다.

스리핑 베어 듄스 ▲

또한, 5대호 지역에서 관광객들에게 가장 인기 있는 눈부신 그랜드 트래버스 베이(Grand Traverse Bay)에 자리한 트래버스 시티는 아름다운 자연환경과 매력적인 호수로 유명하다.

어퍼 미시간(Upper Peninsular)으로 가기 위해 통과하는 매키낙 브리지는 길이가 5마일(8km) 정도로서 꽤 웅장하다. 다리 끝 선착장에서 연락선을 타고 매키낙 아일랜드를 관광하였는데, 섬 전체를 자연 그대로 보전하고 있어서 자동차는 들어갈 수 없고, 마차와 자전거만 운행하여 말똥 냄새가 진동하였다.

퓨어 미시간(Pure Michigan)이라고도 불리는 어퍼 미시간은 대부분 삼림 지역이어서 그야말로 미국에서 가장 깨끗하고 평화스러운 곳 중 하나로서 남한의 1/3 정도 크기에 20여만 명의 주민만이 살고 있다. 약 30km 정도에 달하는 완전히 곧게 뺀 일직선 도로가 인상적이었으며, 아름다운 가을 단풍은 캐나다를 연상시킨다.

그 외 미시간호 주변의 대도시로 미국 중서부의 매력적인 도시 위스콘신주의 밀워키는 미시간 호수의 남서쪽에 위치하고 있으며, 독일 이민자들이 많이 거주했던 역사적 배경을 가지고 있어 독일 문화의 향기가 가득하고, 폴란드, 슬로바키아 등 동유럽 문화의 영향을 곳곳에서 찾아볼 수 있다. 미국 최대 맥주 생산지 중 하나이며, 재즈 음악이 발달한 예술과음악의 도시이기도 하다.

일리노이주의 시카고는 미국 3대 도시로서 대도시의 분위기를 풍기지만 친근한 이웃처럼 어디든지 걷기 쉬운 도시 설계로 접근성이 매우 좋다. 그리고 미국에서도 가장 흥미로운 도시 중 하나로 웅장한 빌딩 숲의 아름다운 스카이라인, 역동적인 문화와 활기찬 밤 문화로 유명하다. 시어스 타워, 네이비 피어, 필드 박물관, 밀레니엄 파크, 매그니피센트 마일 등이 있다.

**북동부와 캐나다**

가을학기 중간 방학이 되자 우리 가족은 5일간의 일정으로 세계에서 가장 아름다운 단풍 길로 알려진 메이플 로드를 따라 캐나다 관광을 떠났다. 메이플 로드란 나이아가라에서 퀘벡시까지 800km에 이르는 도로를 말한다. 랜싱에서 디트로이트를 거쳐 국경 넘어 캐나다로 여행하는 것은 미국 내 거주지가 확실한 사람은 별로 어려운 일이 아니다.

캐나다 입국 후 첫 번째 관광지는 나이아가라 폭포였는데, 수년전 미국 버펄로에서 바라본 것과는 달리 폭포의 수량이 훨씬 풍부하고 웅장하여 땅을 울리는 굉음과 솟아오르는 물보라에 넋을 잃었다. 특히 유람선을 타고 폭포 바로 밑에까지 가서 직접 물보라를 체험하는 것은 압권이다.

나이아가라 폭포 ▲

토론토로 가는 길에 세계에서 가장 작은 성당(약 2평)으로 기네스북에 기록되었다는 성당의 방명록에 이름을 남기고, 시의 상징인 CN 타워와 온타리오 호수가의 하버프론트 등을 관광하고 증권거래소 퇴직 후 이곳으로 이민 온 동기이자 후배인 신현식을 만나 1박 하며 밤새 이야기꽃을 피웠다.

다음날은 킹스턴에서 관광선을 타고 천섬(Thousand Islands)을 관광하였다. 싸우전드 아일랜드는 온타리오호 북쪽 끝 하류의 캐나다와 미국 국경인 세인트로렌스강 위에 약 1,800여 개의 섬들이 분포된 곳으로, 부호들의 별장과 자연 그대로 잘 보존된 섬의 다양한 동식물들은 만날 수 있으며, 미국령은 미국 국기, 캐나다령은 캐나다 국기를 게양하고 국적은 구분하지만 서로 평화롭게 살고 있었다.

우리가 방문한 하트섬의 볼트성처럼 큰 섬에서부터 무인도 또는 집 한 채만 있는 아주 조그만 섬들까지 볼거리가 꽤 다양하다.

싸우전드 아일랜드의 볼트성 ▲

수도인 오타와를 관광하고 캐나다의 상업 중심 도시이며 북미의 파리로 불리는 몬트리올에 갔는데, 그곳은 장녀가 대학교 때 어학연수를 한 곳이기도 하고, 나 역시 그때도 출장 겸 여행한 곳이어서 반가웠다.

이어서 퀘벡시를 방문하였다. 퀘벡주는 1763년 파리조약에 의해 프랑스로부터 할양받은 프랑스의 옛 식민지로 주민들이 영어보다 프랑스어를 더 많이 사용하고, 지금도 꾸준히 분리독립을 주장하는 캐나다 속의 작은 프랑스라 할 수 있는 곳이다.

관광객으로 북적이는 프랑스풍의 시가지를 둘러보고 몽모랜시 폭포도 구경했다. 수량이나 규모 면에서 나이아가라 폭포에는 비할 바가 못되었지만, 폭포의 높이가 83m로 나이아가라의 1.5배나 된다니 많은 사람이 모이는 유명한 관광지임에는 틀림이 없다.

### 동부 여행

겨울방학이 시작되자 식구들과 함께 동부 여행에 나섰다. 랜싱에서 뉴욕까지는 자동차로 12시간쯤 걸리는데, 천천히 여기저기 구경하면서 톨레도, 피츠버그, 뉴어크를 지나 뉴욕시에 도착하였다.

뉴욕은 전에도 몇 번 출장 갔던 곳이어서 낯설지가 않았다. 세계에서 가장 웅장하고 활기찬 도시인 뉴욕은 세계의 경제, 문화, 패션의 중심지로 미국 최대 도시를 넘어 가히 '세계의 수도'라고 할만하다.

맨해튼에는 뉴욕 증권거래소(NYSE)가 있는 월 스트리트를 비롯하여 브로드웨이, 타임스퀘어, 차이나타운, 센트럴 파크, 메트로폴리탄 미술관, 자연사 박물관, 자유의 여신상, UN 본부, 엠파이어 스테이트 빌딩, 컬럼비아 대학 등이 있다.

퀸스의 프러싱(Flushing)에는 우리나라 교포들이 많이 거주하고 있는데, 거기에 살고 있는 아내의 절친 정수자씨 댁을 방문하여 숙박했다. 너무 오랜만에 만나 밤잠을 설쳐 가며 회포를 풀었다.

매사추세츠주의 보스턴은 영국으로부터 최초로 독립한 미국에서 가장 오래된 도시로 과거와 현재가 균형 있게 조화를 이룬 차분한 도시로, 찰스강 위쪽의 케임브리지시에는 하버드 대학교(1636년 설립)와 MIT 공과대학 등 수많은 대학과 하이테크 기업이 모여 있는 교육과 지성의 도시이기도 하다.

우리는 보스턴을 떠나 필라델피아와 카지노의 도시 애틀랜틱시티를 거쳐 미국의 수도 워싱턴 DC에 도착했다. 미합중국 수도인 워싱턴 DC는 '워싱턴 컬럼비아 특별 자치구'로 서 백악관, 국회의사당, 연방 대법원 등이 있어 미국은 물론 세계 정치의 중심지이다.

워싱턴 기념탑 ▲

백악관 앞에는 워싱턴 기념탑이 우뚝 솟아 있고, 스미스소니언협회의 자연사 박물관, 항공우주 박물관 등과 링컨 기념관, 제퍼슨 기념관이 있다. 포토맥강 서쪽 작은 언덕 위 알링턴 국립묘지에는 6.25 참전 기념 조형물도 있다.

## 남부 여행

봄 학기 중간 방학이 되어 5일 일정으로 남부 지역을 여행했는데, 비행기로 디트로이트에서 올랜도 공항에 도착하여 렌터카를 이용했다.

올랜도에는 월트 디즈니월드(WDW), 유니버설 스튜디오, 씨월드 등 도시 전체가 영화세트장 같은 테마파크로 구성되어 있는데, 규모 면에서 LA의 유니버설 스튜디오와는 비교할 수 없을 정도로 압도적이었다.

아이맥스 극장, 디즈니 MGM 스튜디오는 너무나 아이디어가 기발하고 신기하여 또 다른 새로운 세상을 맛보게 하였고, '유니버설 스튜디오 플로리다'는 터미네이터2, 백투더퓨처, 죠스, ET, 어드벤처, 대지진 등 영화 속 장면들을 실제 체험할 수 있는 가히 환상의 세계였다.

올랜도에서 동쪽으로 약 1시간쯤 달리면 대서양과 맞닿은 광활한 땅에 우주의 창구인 케네디 우주센터가 있다. 이곳에서 2022년 8월 5일 08시 08분에 우리나라 최초의 달 탐사선인 '다누리호'가 세계에서 7번째로 발사되었다.

그리고 너무나 유명한 관광 휴양지 플로리다 마이애미 비치에서 점심과 커피를 마시며 휴식을 취하고, 남부 여행의 백미인 키웨스트(Key West)로 향했다. 플로리다 반도 끝에서부터 시작하여 작은 섬들이 줄지어 올망졸망 자리한 250km를 42개의 짧은 다리로 연결하여 키웨스트까지 이어지는 오버시즈 하이웨이 (Overseas Highway, US-1)는 미국 1번 국도로 '세계에서 가장 아름다운 하이웨이' 중의 하나로서 시시각각 색깔이 변하는 산호초 바다를 양쪽으로 끼고 오른쪽 멕시코만과 왼쪽 카리브해를 바라보며 하염없이 달린다.

그중 TV나 영화에서 본 세븐 마일 브리지(Seven Mile Bridge)는 11km에 이르는 환상적인 드라이브 코스다.

키웨스트는 노벨문학상 수상작『누구를 위하여 종을 울리나』와『노인과 바다』의 작가 어니스트 헤밍웨이가 1931년부터 8년간 살았다는 '헤밍웨이의 집'은 필수 관광코스다.

키웨스트와 오버시즈 하이웨이 ▲

저녁에는 '터틀크랄즈'라는 씨푸드 레스토랑에서 저물어 가는 멕시코 만의 석양을 바라보며 가족들과 저녁 식사를 했다. 그 해가 마침 우리 부부의 결혼 25주년이 되는 해여서 가족끼리 조촐한 '은혼식銀婚式 기념(?)' 식사가 되어 감회가 새로웠다.

아내와 아들들과 함께 우아하게 와인 잔도 부딪치며 유쾌한 식사를 하면서 다사다난했던 지난날들을 돌이켜 생각해 보니, 그동안 수많은 역경을 이겨내고 우리 가정을 이만큼 잘 이끌어 온 아내에 대한 감사한 마음에 울컥하기도 했다. 그날따라 아내의 홍조 띤 얼굴이 더욱 아름다워 보였다.

거기에 더하여 『노인과 바다』의 내용 중 저 멀리 멕시코만에서 사납게 휘몰아쳐 오는 거친 파도와 싸우며 고기를 잡는 "인간은 파괴될 수는 있어도 정복될 수는 없다"는 늙은 어부 산티아고의 명대사를 떠올리며, 어렸을 적 고향 마을 앞 바다 파도치던 모습이 떠오르기도 했다.

지나간 것은 모두 다 아름답고 그리운 것이 인지상정이리라.

### 서부 여행

연수 마지막 방학을 맞이하여 아내, 두 아들과 함께 1주일간 미국 서부 지역 관광길에 올랐다. LA에 도착하여 제일 먼저 할리우드에 있는 유니버설 스튜디오를 관람하고 연예인들의 호화 저택으로 유명한 베벌리 힐스와 산타모니카 해변 그리고 코리아타운에 들렀다.

코리아타운은 1992년 4월에 '흑인 대 폭동'이 일어나 여기에 거주하는 우리 교포들이 큰 피해를 보았다. 당시 그 와중에 예비군 출신 우리 교민들의 마치 군대와 같은 대처 능력은 미국은 물론 전 세계의 주목을 받았었다. 나는 공교롭게도 폭동 한 달 전에 IR 자료 조사차 미국에 출장갔다가 귀국길에 들렀었는데, 그때를 회상하니 감회가 새로웠다.

우리는 오렌지 카운티 애너하임 시에 있는 디즈니랜드를 구경하고 카지노와 밤의 도시 라스베가스로 향했다. 모하비 사막을 지나는데 메마른 대지 위에 선인장밖에 보이지 않는 황량한 벌판이었으나 우리가 도착한 라스베가스는 활력 넘치는 화려함의 극치를 보여주었다.

저녁에는 카지노에서 슬롯머신도 해보고 주빌리 쇼도 관람했는데, 파리의 리도 쇼에 비하면 솔직히 보잘것없고 밋밋할 뿐이었다.

다음으로 찾은 곳은 그랜드 캐니언 국립공원이다. 우주선에서 지구를 바라보면 그랜드 캐니언과 중국의 만리장성만 보인다고 할 정도로 신비한 협곡으로 수억 년의 세월 동안 콜로라도강 급류가 빚어낸 대자연의 경이로움을 맛볼 수 있다. 그랜드 캐니언은 총길이가 450km나 되는데 깊이가 1,600m가 되는 곳도 있다고 한다.

그랜드 캐니언으로 가는 길에 콜로라도강에서 유람선을 타고 중학교 때 배운 '콜로라도강'이라는 노래를 불러 보기도 했다.

금문교 ▲　　　　　　　　　　그랜드 캐니언 ▲

그곳에서 1박하고 다음날은 요세미티 국립공원을 방문했다. 이곳은 옐로스톤과 함께 미국을 대표하는 국립공원으로 '자연이 빚어낸 걸작'이라 할 수 있으며, 공원 안으로 들어갈수록 새 소리, 폭포 소리만 들려 우리 마음을 편하게 해주는 고요와 평온의 세계가 펼쳐진다.

특히, 3단으로 이루어진 요세미티 폭포는 장관이다.

샌프란시스코는 관광객은 물론 미국인들 사이에서도 오랫동안 살고 싶은 도시로 첫손 꼽히는 아담하고 아름다운 항구 도시다. 1년 내내 기온 차가 적어 여름엔 서늘하고 겨울엔 따뜻하다.

도시의 상징인 명물 금문교(Golden Gate Bridge)와 트윈 픽스(Twin Peaks) 전망대, 피어 39(Pier 39) 물개공원 등이 유명하다. 다시 LA로 돌아오는 길에는 미국 최고 명문 골프장의 하나인 '페블 비치 CC'도 방문하였다.

## 하와이

하와이는 우리나라 젊은이들의 최고 신혼여행지로 각광받고 있는 곳으로 태평양의 낙원이라 불린다. 나는 출장과 연수 후 귀국길에 두 번 들른 적이 있다. 하와이주는 8개의 큰 섬과 100여 개의 작은 섬으로 구성되어 있다. 관광은 주도인 호놀룰루가 있는 오하우섬 중심으로 이루어지고 있으며, 목가적인 천혜의 자연환경과 그 유명한 와이키키 해변이 있는 곳이다.

와이키키 해변 ▲

오하우섬 일주 관광코스로 다이아몬드 헤드와 2차 대전 당시 일본의 선제공격으로 미국이 참전하는 계기가 된 유명한 진주만(Pearl Harbor)에는 애리조나호 기념관과 미주리호 전함이 전시되어 있다.

구한 말 우리 조상들이 노예처럼 피땀을 흘린 사탕 수수밭, 다양한 해양생물이 살고 있는 분화구와 스노클링 포인트로도 유명한 하나우마 베이 자연보호구역 등도 유명하다.

하와이 민속촌인 '폴리네시안 문화센터(PCC)'는 하와이, 타이티, 통가, 사모아, 피지, 오테아로아 등 남태평양에 있는 6개 섬나라의 민속 마을을 한에 모아 놓은 곳으로 그들의 생활양식과 예술을 맛볼 수 있는 곳이다

이제 나의 해외 여행기는 여기서 끝내려고 하는데, 사실 미국과 캐나다, 일본 외에도 아시아와 유럽 등 30여 개국을 출장과 관광 여행 등으로 방문할 기회가 있었고, 그중 몇 번씩 방문한 나라도 많다. 그러나 한정된 지면 사정상 각국의 여행기를 남길 수 없음이 못내 아쉽다.

그래서 언젠가 시간과 건강이 허락한다면 그동안 내가 세계 여러 나라를 방문하면서 보고 느꼈던 그 나라의 지리, 역사, 문화, 예술 등의 유산을 나의 관점에서 기록으로 남겨 보려고 한다.

그래도 아직 못가 본 버킷리스트(Bucket list)로는 남미 잉카 유적지와 땅끝 우수아이아(Ushuaia), 아프리카 동물의 왕국 세렝게티와 땅끝 희망봉(Cape of Good Hope)을 들고 싶다.

# 제3부
# 따뜻한 남쪽 나라

안개 낀 진도대교 ▲

1. 귀향의 보람
2. 고향 생각
3. 행복했던 전원 생활
4. 황혼의 언덕에 서서

# 1. 귀향의 보람

## 진도군수 선거

증권거래소를 퇴직한 후 둘째 처남이 경영하는 ㈜제노필코리아의 회장으로 근무했다. 그러나 4년 넘게 다니다 보니 좀 나태해지기도 하고, 회사에도 크게 도움을 주지 못한다고 생각되어 사직을 고려하게 되었다.

그러던 차에 2009년 가을, 친구 창주 군의 소개로 고향의 이권민 선배를 만났는데, 선배의 형님께서 2010년 6월에 실시하는 민선 5기 지방선거 때 "진도군수에 출마하게 되니 고향 진도의 발전을 위하여 형님을 지지해 주면 좋겠다"며 도움을 청했다.

그리하여 우리 셋은 가끔 만나 차담도 나누고, 후보께서 승리할 수 있도록 함께 고민하며 여러 가지 선거 전략을 논의했고, 특히 나는 '내 고향 발전을 위하여'라는 목표 아래 각종 선거 관련 서적과 통계 자료들을 찾아 정리하여 리포트를 작성하는 등 더 없는 열의를 가지고 임하게 되었다.

나는 어려서부터 동네 어른들의 기대 속에 진도에서 중학교까지 마친 후 목포, 광주, 서울에서 공부하고 취직도 하여 나름대로 열심히 세상을 살아왔지만, 그동안 주위 분들에게는 아무런 도움을 드리지 못하여 항상 고향에 빚을 지고 있다는 생각을 떨쳐 버릴 수가 없었다.

그러던 차에 마침 진도군수 선거에 참여하게 되니 이제야말로 내가 고향 죽림마을과 진도를 위해서 무언가 봉사하게 될 좋은 기회가 온 거라고 생각되었다. 그리하여 2010년 1월부터 거처를 아예 진도읍으로 옮기고 이동진 진도군수 후보 선거운동에 본격적으로 뛰어들었다.

선거캠프에서 나는 홍보팀을 맡아, 직접 발로 뛰는 득표 운동 외에도 공약개발과 홍보, 공보물 제작, 후보자의 방송 출연·언론 인터뷰·연설문 작성 등의 일을 맡아 했다.

또한, 나 홀로 진도에 내려가서 지내고 있었으므로 사무실 지킴이 역할도 했다. 매일 아침 7시에 사무실 문을 열고 자정이 되어야 일과가 마무리되는 바쁜 생활이었으나 하루하루가 즐겁고 보람찬 나날들이었다.

당시 군수 후보로는 더불어민주당에서 이동진, 김경부, 김흥래, 양인섭 후보가 나섰고, 무소속으로 김희수 후보가 등록하였다.

민주당의 경우 일반 여론조사인 1차 경선에서 이동진, 김경부 후보 2명으로 압축되었고, 2차 경선에 들어갔다. 2차 경선은 서울의 2개 여론조사 기관에서 각 2,000명씩 조사 후 합산하여 높은 승률의 득표자를 최종 민주당 진도군수 후보로 결정하기로 되었다.

경선기간 동안 이 선배와 나는 수없이 서울을 왕복했다. 여론조사 발표 전일에도 새벽에 진도를 출발하여 서울 영등포 민주당사에서 일을 마치고 오후 5시경 진도읍에 도착했는데, 다음 날 여론조사 발표가 있다고 하여 다시 서울로 향했다. 하루 동안 5시간 거리를 3회 운행한 것이다.

그 이후로도 그렇게 바쁜 스케줄을 소화하며 선거 업무 처리를 위하여 몇 차례 서울, 광주, 목포 등을 왕래하게 되면서 도로 교통법규 위반으로 12번이나 적발당해 범칙금 60만 원을 한꺼번에 납부하는 우를 범하기도 했다.

최종 후보 발표 날, 전남 각 지역구에서 모인 수많은 참관인이 지켜보는 가운데 국회의사당 강당에서 여론조사 결과를 발표했다.

진도의 경우 이동진 후보가 50.1%대 49.9%, 단 0.2% 차이로 최종 후보로 결정되었다. 하느님도 놀랄만한 믿기 어려운 조사 결과 발표를 지켜보던 참관인 모두가 경악하지 않을 수 없었다.

다음날부터 우리 선거운동 본부는 본격적인 선거운동에 들어갔고, 나 역시 선거운동 기간 중 운동원들과 함께 조도의 수많은 섬들을 포함한 진도의 242개 마을을 거의 다 방문하였다. 이 시기에 나는 고향에 대하여 참으로 많은 것을 느끼고 알게 되었고, 고향을 새롭게 인식하는 계기가 되었다.

마침내 6월 2일, 선거일이 되었다. 오후 투표가 종료되자 우리는 선거 본부에 모여 개표 상황을 초조하게 지켜보았다. 개표 초반에는 후보 간 득표수가 엇비슷해 계속 엎치락 뒤치락 해서 손에 땀을 쥐게 하였으나, 최종 개표 결과 이동진 후보가 312표라는 근소한 차이로 상대 후보를 누르고 당선되었다. 이런 것을 대리만족이라고 하는지 모르겠지만, 생전 처음 직접 관여해 본 선거에서 우리 측이 승리하니까 마치 내가 당선된 것처럼 기뻤다.

사실 이동진 후보는 경력에서나 훌륭한 인품으로 보아 전국적인 인물임에도 불구하고, 일찍이 학업과 직장생활을 위하여 고향을 떠났다가 오랜만에 고향에 내려와서 선거에 임했으니 선거운동 자체가 쉽지만은 않은 상황이었다. 그런 점을 감안할 때 비록 근소한 표 차이였지만 당선된 것 자체가 대단한 사건이었다.

이후, 이 군수님은 3연임을 무사히 마치고 은퇴 후 지금도 고향 발전을 위해 노심초사 헌신하고 계신다.

### 진도군청 근무

지방선거가 끝나고 나는 선거운동 중 느낀 경험을 살려 '내가 고향을 위해 무엇을 할 수 있는지'를 고민하고 지내던 차에 군수님의 부름을 받았다.

그리하여 나는 정식 채용 절차를 거쳐 진도군청 홍보 담당 전문 계약직에 특채되어 2011년 3월부터 기획실 홍보팀에서 근무하게 되었다. 이제 고향 진도를 위해 할 수 있는 일이 생겼고, 평소 내가 늘 생각하고 있던 여러 가지를 실천할 기회가 찾아온 것이다.

나는 홍보팀에서 할 수 있는 일을 점검해 보았다. 여러 가지로 분석해 본 결과 군청에서 우선 추진해야 할 사업으로 '첫째, 군민 계몽 활동과 문맹 퇴치, 둘째, 보다 많은 관광객 유치를 위한 관광 상품 개발, 셋째, 획기적인 농어민 소득 증대 사업'이라는 결론을 얻었다.

따라서 이를 원활히 추진할 수 있도록 적극적으로 지원하고 홍보하는 것이 내가 해야 할 일이라고 생각했다.

사실 2011년경 진도군의 상황은 녹록치 않았다. 당시 우리나라 국민 1인당 GDP는 2만 불 수준이었는데, 울산과 거제도는 4만 불이 넘는다는 통계 자료도 있었다.

그런데 진도의 경제 사정은 우리나라 군 단위 평균에도 미치지 못할 뿐만 아니라 군민의 의식도 그리 높은 편이 아니었다. 더욱이 이웃 완도 군수가 나의 고교 절친 김종식으로 3연임 중이었는데, 김 군수가 완도를 '대외 채무가 없는 군'으로 변화시키고 있다는 소식은 나의 진도 군민에 대한 봉사 의지를 강하게 자극하며 의욕이 넘치게 했다.

이렇게 새로운 일에 대한 기대와 설렘으로 충만해 매일 출근하고 있던 나에게 생각지도 못한 곳에서 제동이 걸려 왔다. 군청 출입 기자 중에서 낙선한 후보를 지지했던 기자 몇 명이 나의 특채를 문제 삼은 것이다.

군수님을 비롯한 몇 분의 군 원로들이 나서서 '그냥 아무렇게나 선택한 사람이 아니고, 우리나라 자본시장의 심장인 증권거래소 간부를 지낸 사람으로서 이 일에 적합하여 추천한 것'이라고 아무리 설득해도 문제를 제기한 기자들은 막무가내였다.

나로서는 대단한 특혜로 채용된 것도 아니고, 그때까지 진도군에 없었던 군민과의 소통을 위한 '군정 소식지'를 만들어 갖가지 군정을 적극적으로 홍보하려는 계획이었다.

그런데 고향에서 예상치 못한 이런 푸대접을 받게 되니, 나의 자존심 상함은 물론이고 그들에 대한 섭섭함과 실망감이 너무나 컸다. 따지고 보면 모두가 다 같은 뿌리에서 자란 한 고향 선후배들 사이인데 서로 적대감으로 편 갈라치기를 하며 음해하는 것은 큰 문제라는 생각도 들었다.

그러면서도 한편으로는 '내가 군수로 당선된 것도 아니고, 군수 후보 중의 한 사람을 도와서 그분이 당선되는 바람에 이런 직책을 갖게 된 것'이라는 사실을 인정하지 않을 수 없었다.

그래서 결국 '신임 군수로서 새롭게 군정을 시작하려는 분에게 더 이상 나로 인한 부담을 드려서는 안 되겠다'는 생각도 들어 하는 수 없이 사직하고 말았다. 군청 근무를 시작한 지 4개월 만의 일이었다.

지금 생각해 보면 진도군을 위해 의욕적으로 추진하고자 했던 일을 제대로 시작해 보지도 못하고, 등 떠밀려 떠나게 되어 화도 나고 야속하기 짝이 없는 일이었다. 이것이 후일 내가 직접 군의원에 도전하게 된 계기 중 하나가 되기도 했다.

어쨌거나 그동안 사회생활을 하면서 쌓아온 지식과 경험을 살려 우리 고향을 위해 뭔가 봉사해 보겠다는 나의 소망은 이렇게 허무하게 끝나고 말았다

### 군의원 출마

민선 제7기 지방선거가 실시된 2018년에 있었던 일이다. 선거철이 다가오자 평소 나를 좋아하고 따르던 주변의 후배들과 친구, 지인들로부터 '이제 고향에 확실히 정착했으니 진도군수에 출마해 보라'는 권유를 받게 되었다.

그런데 그 시기 재선의 이 군수께서 3연임에 도전하겠다는 의사표시를 한 상태였다. 그래서 도리상 군수에는 출마할 수 없었다. 다만, 주변의 권유를 뿌리치기가 어려웠고, 나 자신도 그동안의 사회 경험을 살려 고향을 위해 공적인 활동을 해보는 것도 보람 있는 일이라는 생각도 들었다.

당시 진도군 선거에서는 군수 1명, 도의원 1명, 군의원 7명으로 총 9명의 선출직을 뽑았다. 도의원은 군 전체에서 1명을, 군의원은 진도 전 지역을 '가, 나' 지구로 나누어 '가' 지구 4명, '나' 지구 2명, 비례대표 1명(여성 또는 장애인 중에서 선출)을 뽑았다.

나는 군의원 출마를 결심하고 과거 사례를 조사해 보니, 고향을 떠났다가 돌아와서 출마한 후보들은 하나같이 첫 도전에서는 낙선이 기본이고 두 번째 도전에서도 실패한 분들도 적지 않았다. 객관적인 통계자료로 보았을 때 당선될 확률은 그리 높지 않았던 것이다.

참으로 난감하여 출마를 망설였으나 나에게 기대를 거는 주위 분들의 권유를 외면하기도 어려웠고, 낙선하더라도 좋은 경험이 되리라고 생각되어 마음을 가다듬고 출마를 결행하였다.

이렇게 생각한 데는 당시의 정치 판도도 영향을 미쳤다. 우리 세대는 거의 다 아는 이야기지만 1960년대나 3선개헌 전까지만 하더라도 각종 선거를 하게 되면 경상도니 전라도니 하는 지방색이 전혀 없었다. 지역에 관계 없이 대부분 도시는 야당이 시골은 여당이 압도적으로 당선되어 소위 '여촌야도'가 대세였다.

문득 생각나는 게 하나 있다. 1970년대 초였을까 어느 일간지에서 국회의원 선거 결과를 발표하였는데, 서울의 지도를 그려 놓고 야당 당선 지역을 흰색으로 여당 당선 지역을 검은색으로 표시해 보니, 검은색이 지도 가운데쯤 딱 한 곳이 있었다. 그때 유일한 여당 당선자는 대한축구협회 회장을 지낸 장덕진 후보였다.

이러던 판도가 10월 유신을 지나면서 완전히 지방색에 의한 당선으로 변해버렸다. 가슴 아픈 우리나라 정치사의 한 단면이다.

내가 군의원에 출마한 시기에도 호남의 각 지역은 지금의 더불어민주당이 거의 싹쓸이 하다시피 했다. 그래서 민주당 공천에 통과하는 것이 본선보다 더 어려울 지경이었다. 나는 '나' 지구인 임회면 출신이었지만, 어차피 지역 연고로는 불리하다고 판단하여 당시 거주지인 진도읍이 포함된 '가' 지구에서 출마하였다.

일단은 민주당 공천을 받는 것이 급선무였다. 민주당에서는 4명 후보를 뽑았는데, 8명이 도전하여 면접과 여론조사를 거쳐 나는 4번으로 공천받았다. 이렇게 되자 우리 캠프에서는 해 볼 만한 게임이라고 생각되어 한때 무척 고무되기도 했었다.

민주당 진도군 선대본부 발대식 ▲

## 선거 운동

그리하여 더불어민주당 후보 4명과 무소속 등 총 12명이 본 선거전에 돌입하였다. 나는 서둘러 선거캠프를 구성했다. 선거캠프라고 해봐야 나의 아내와 지인 몇 명이 책임자가 되어 꾸려나가는 것이 전부였다.

그래서 나는 기본 선거 전략으로 나의 약점을 보완하고 장점을 확대하는 것으로 삼았다.

그동안 분석한 지역 선거판의 특징은 유권자인 군민들의 성향이 도시 지역과는 달라서 자기 면이나 자기 마을 사람을 찍고 보자는 연고주의가 강했다. 그리고 지역 경제도 예전보다 훨씬 발전되어 풍족하고, 각종 선거를 수없이 해본 터라 옛날처럼 순박한 시골 인심은 아니었다.

또 하나는 국회의원 선거처럼 공식적인 합동 유세가 있는 것도 아니어서 나처럼 인지도가 낮은 후보는 자신을 알리는 데 불리할 수밖에 없었다.

그래서 나는 크게 두 가지 전략을 세웠다. 그것은 가능한 한 많은 유권자를 만나는 것과 내가 우리 지역을 위해 큰일을 할 수 있는 역량을 가진 사람이라는 것을 널리 홍보하는 것이었다.

우선 내가 누구이고 우리 군 발전을 위해 무엇을 할 것인지에 관하여 10여 페이지에 달하는 출사표를 작성하여, 지역 유지들에게는 직접 인사드리고, 공공기관과 사회단체에 뿌렸다.

그 내용을 요약하면 다음과 같다.
첫째는 내가 군의원의 역할을 충실히 수행할 만한 전문성을 가지고 있다는 점을 강조했다.

우리나라 자본시장의 중심인 한국증권거래소에서 30여 년을 근무하면서 금융과 국가산업 발전에 일익을 담당했고, 이를 바탕으로 현재는 '더불어민주당 전남도당 금융 산업 특별위원장' 직책을 맡고 있다는 점과 대학교에서 행정학을 전공하여 행정에 대한 기본적인 소양을 가지고 있다는 점을 들어 우리 군정의 감시와 견제를 충실히 할 수 있는 역량이 있다고 했다.

둘째로 우리 군을 변화시키고 발전할 수 있게 하기 위해서는 새로운 인물을 당선시켜야 한다는 점을 말했다.

다선 의원이 군 의회를 계속 이끌어 간다는 것은 장점도 있지만 그에 못지않은 폐해도 많다. 그래서 민주주의가 고도로 발달한 선진국에서는 대통령을 한차례만 중임하도록 정해놓고 있다고 역설했다.

셋째는 군민들의 실질 소득 증대에 힘쓰는 군의원이 되겠다는 점을 강조하며 이를 위하여 두 가지 실천 방안을 제시했다.

그 하나는 진도의 지리적·풍토적 이점을 살릴 수 있는 실질적인 소득증대 사업을 추진할 수 있게 하겠다는 것이다. 진도는 서해와 남해가 만나는 꼭짓점이라 물살이 세고 오염되어 있지 않아 미네랄이 풍부한 청정 자연환경 지역으로서 고부가가치 수산물 생산에 적지이고, 천연 자연 친화적 환경에 놓여있어 천연 유기농의 고부가가치 농축산물을 생산에 적합하므로, 이를 보다 체계적으로 생산·관리할 수 있는 시스템을 구축하여 명품 브랜드화하겠다.

또 하나는 진도는 정부가 지정한 '민속 문화예술 특구'로서 타 지역이 보기 어려운 소중한 정신적인 문화유산을 갖고 있어, 이것도 널리 홍보하고 더욱 발전시켜 문화 관광 사업을 활성화함으로써 관광 수입 극대화로 군민의 실질적 소득증대를 이룰 수 있게 하겠다는 것이다.

군의원 선거 공보지 ▲

이렇게 나름대로 준비하고 있는 가운데 드디어 13일간의 공식 선거 일정이 시작되었다.

나는 무엇보다도 나의 약점인 인지도 부족을 타개하기 위해서 많은 인파가 모이는 곳이면 무조건 찾아 나섰다. 각 마을 노인정, 마을 동계와 농협 보답회, 진도읍 5일 장, 공용버스 터미널, 농협 하나로 마트 등과 시내 상가를 돌며 유권자들을 만나고, 매일 새벽마다 향토 문화회관 앞에서 관광을 떠나는 관광객들을 전송하기에 바빴다.

또한, 유세차를 이용한 유세와 지정된 장소의 유세 현장에서는 위의 선거 공약을 적극적으로 홍보하고 아울러 본인이 어떤 사람인지를 알리려고 최선을 다했다.

선거기간 동안 수많은 분이 나의 선거운동에 헌신적으로 열심히 뛰어 주었고, 그 고마움을 지금도 잊을 수가 없으며 평생 잊지 못할 것이다. 이 지면을 통하여 다시 한번 감사드린다.

특히 평소 남 앞에 나서기를 지극히 꺼리며 샌님 같았던 아내의 경우, 선거기간 내내 나와 함께 매일 새벽 일찍 큰 도로변으로 나가 출근하는 군민들에게 90도로 인사하기도 하고, 터미널, 마트, 노인정 등 사람이 모이는 곳이면 빼놓지 않고 무조건 찾아가서 인사를 드렸다.

그렇게까지 하리라고 예상하지 못해서인지 헌신적이고 열정적이며 진솔한 모습에 경외심이 들 정도였다. '엄마는 강하다'는 말에 추가하여 '아내도 강하다'는 사실을 실감하였다.

드디어 선거가 끝났다. 결과를 예상치 못한 바는 아니었으나 참패로 끝났다. 군의원 4명 중 3명은 민주당 후보가 당선되고, 마지막 한 명은 다른 당 후보가 당선되었다.

낙선의 원인을 분석해 보면 첫째는 역시 낮은 인지도가 문제였다. 몇 년씩 공들여 텃밭을 가꾸어 온 사람과 아무리 민주당 옷을 입었다고는 하지만 고향 사람이라는 간판 하나만을 달고 나온 사람과는 애초부터 상대가 되지 않았다. 또 다른 요인으로는 선거 시스템이 후보를 제대로 알릴 수 있는 체제를 갖추지 못하고 있어서 신인에게는 매우 불리하다는 점이었다.

그러나 비록 선거에서 패배하기는 했지만 선거를 통해 얻은 것도 많았다. 아무튼 나로서는 선거전에 최선을 다했고, 나 자신의 현 위치와 '고향을 위하여 무엇을 먼저 해야 하는지'를 깨닫는 소중한 기회이기도 했다.

이후 나는 이러한 선거 경험과 이런저런 인연 등으로 고향에서 생활했던 10여 년 동안 자연스럽게 이동진 군수, 윤재갑 국회의원, 김우지, 한덕율 수협 조합장 후보의 선거를 돕기도 했다. 그러다 보니 고향에 대한 관심이 전보다 더 많아지고 애착도 가게 되었고, 많은 선후배 군민들과 인간관계의 폭도 더욱 넓어지게 되었다.

### 서진도 농협

진도에는 3개의 단위 농협 조합이 있는데, 단위 농협은 조합장의 역량과 역할이 조합 운영의 성패 여부를 결정하는 매우 중요한 위치를 차지하고 있었다.

나는 2013년 3월, 박 조합장 시절에 서진도 농협의 사외이사로 선임되어 2년 6개월 동안 역임했다.

그 당시 서진도 농협의 자산은 1,500억 원 규모로서 전국 1,300여 개의 단위 농협 중 농촌 지역의 농협으로는 중상위권을 유지하고 있었다. 서진도 농협은 금융 업무 외에 조도를 왕래하는 페리 선, 주유소 3곳, 하나로 마트 3곳, 농기계 마트, 퇴비 공장 등 주민들에게 편의를 제공하는 다양한 수익사업도 함께 했다.

내가 맡았던 사외이사란 회사를 경영하는 사내이사와는 달리, 경영진과 최대 주주로부터 독립적으로 이사회에 참석하여 회사의 의사결정을 감시하고 견제할 수 있도록 고안된 우리나라 IMF 사태 직후인 1998년도부터 도입된 제도이다.

그래서 내가 회사 경영에 직접 참여할 수는 없었으나, 경영진과 함께 생활하며 조합의 여러 가지 사업 실태를 검토해 보니, 너무 안전 위주의 운영으로 더 많은 수익 창출의 기회를 놓치고 있는것 같아 안타깝기도 했다.

실제로 서진도 농협 자산 중 절반 이상인 약 800억 원 정도를 농협

중앙회에 그리 높지 않은 금리로 정기 예치해 놓고 있었고, 약 300억 원 규모의 자금은 중앙회에서 지정해 준 안전자산인 우량 상장기업의 채권에만 투자하고 있었다.

이런 거액의 금융 자산 운영을 위해서는 전문가의 도움이 꼭 필요할 텐데, 그렇지 못한 것 같아 아쉬웠다.

또한, 경제사업 중에서 퇴비 생산 문제가 화두였다. 당시 관내 농가에서 사용되는 퇴비의 대부분을 타지역 농협에서 구매하고, 극히 일부만을 자체 생산하여 보급하고 있었다.

그래서 나는 수차례에 걸쳐 퇴비의 품질 향상과 직접 생산 비율을 높이도록 건의하고, 차제에 신용사업 중심의 경영체제에서 탈피하여 경제사업에 더 많은 투자를 할 것도 권유하였다.

그 외에도 검정 쌀 수매 건과 진도 농산물인 배추, 봄동, 대파, 구기자, 고추 등을 진도수협의 수산물(미역, 김, 전복, 멸치 등)과 연계하여 서울, 광주 등 대도시에 '직거래 장터를 개설'하거나, '도시와 농촌 만남의 행사와 같은 것을 만들어 우선 쉽게 접근할 수 있는 일들을 찾아 추진해 보라고 권유하기도 했었으나 실행되지는 못했다.

### 진도 문화원

고향에서 생활하면서 정신적으로나 경제적으로 나에게 가장 많은 도움을 주고받은 곳이 진도 문화원이다. 문화원에서도 나의 도움이 필요했고, 나 역시 내가 잘할 수 있는 일을 할 수 있어서 서로에게 윈윈이었다.

2011년 8월, 박정석 진도 문화원장 취임 후 나는 박 원장님의 권유로 문화원에서 발간하고 있는 계간지 『진도 문화』 책임 편집위원으로 선임되어, 이후 진도를 떠난 2019년까지 32회에 걸쳐 편집 및 발간을 주관했다. 그리고 2015년 8월부터는 문화원 감사로 선임되어 박주언 원장 때까지 6년 동안 활동하기도 했다.

사실 '감사의 임무'란 소속 기관의 업무 전반을 감사하는 것이 주된 임무이지만 문화원의 특상 상 특별히 문제가 될 만한 감사 대상이 없었고, 그래서 나는 감사 선임을 계기로 문화원의 여러 프로젝트에 참여하기도 했다.

특히, 문화원에서 발간한 여러 가지 간행물의 발간에 직·간접으로 간여하였다. 이때 『진도 사람들 옛이야기』, 『보배섬 진도 설화』(3권) 등의 자료 수집 및 편집, 『운림묵연』, 『각사등록』, 『목장색등록』, 『비변사등록』, 『치옹만고』 등의 번역 자료의 교정과 전국 한시 진도 백일장 후 정리한 『한시 첩』(3회)도 발간하였다. 나는 이런 공로를 인정받아 '2019년도 전남문화원 상'을 수상하기도 했다.

그러는 사이 나의 아내도 진도 문화원 도서관 직원으로 5년여 동안 근무했다. 아내는 처음 해 본 직장생활이고 도서관 일이었지만 매우 보람된 시간이었고, 특히 한문투성이의 고문서 자료를 정리하면서 한문에 대한 이해도 많이 늘었다면서, 도서관 근무는 오래도록 기억될 만

한 일이었다고 한다.

문화원에서 우리 부부는 각자 할 일이 있어서 고향 생활이 한결 더 여유롭고 풍성했다.

### 진도문화원의 나아갈 방향

2019년, 진도문화원은 창립 60주년을 기념하여 『진도문화원 60년사』를 발간했다. 이글은 거기에 수록된 나의 기고문인데 일부 보완하여 여기에 다시 옮긴다.


사회는 문화를 배태하고 형성하는 그릇이며 문화는 인간들의 행동양식이나 사회적 관계를 규정하는 개념이자 실체이다. 그러므로 '문화란 인간들이 생각하고 행동하는 모든 것'이라고 말할 수 있고, 문화는 인간을 떠나서는 존재할 수가 없다.

그리고 인간은 어떤 종족이나 집단이든 고유의 전통적인 생활양식을 가지고 있어, 그들의 문화는 독특하고 다양한 형태로 나타난다고 할 수 있다. 그 결과 문화는 자기 종족 또는 공동체 집단들만의 공유적 특성이 있으며, 그것은 자연적으로 다음 세대로 이어지게 된다.

이처럼 문화는 시대와 환경에 따라 끊임없이 변화하면서 축적되는 것이므로 그 변화 과정을 인지하는 것이 문화 발굴자 내지 문화 창조자에게는 아주 중요한 문제이기도 하다. 이런 과정을 거쳐 형성된 문화는 집단 내부에서 하나의 체계를 이루면서 자기들만의 독특한 문화를 발전시켜 가고 있다.

또한, 여기에 그치지 않고 힘이 있는 경우 주변에 영향을 미치기도 하고 강요하기도 한다. 중국이 '중화사상'으로 대변되는 자기들만의 고유문화를 주변국에 강요해 왔던 것이 좋은 예이다.

이에 맞서 우리나라의 경우 '백의민족'으로 표상되는 자랑스러운 우리만의 문화가 끊임없이 이어져 오고 있으며, 이웃 일본의 경우 '사무라이 정신'이라는 고유의 문화가 있다.

이러한 관점에서 볼 때 이 시대를 살고있는 우리들은 자기가 소속된 집단 고유 문화와의 관계를 이해하여야 한다. 거기에 더하여 '진도 문화는 무엇이고 진도인과의 관계를 어떻게 설정해야 하는지'를 연결해 본다면, 환갑의 연륜이 쌓인 '진도문화원이 향후 나아갈 방향'은 자명해진다.

진도에는 진도만이 가지고 있는 고유의 문화가 면면히 이어져 내려오고 있다. 그중 몇 가지를 살펴보면, 우선 우리 민족 고유의 정서를 대변한 유네스코에 등재된 60여 종 3,600여 곡에 이르는 '아리랑' 중에서 진도 고유의 '진도아리랑'이 있다. 그리고 '씻김굿'과 '다시래기'라는 죽은 자를 보내는 고유의 상·장례 문화도 있다.

이 외에도 한시, 서예, 동양화 등 다양한 예술 분야에서 타지역에서 볼 수 없는 진도만의 독특한 예술성을 나타내고 있어, 진도는 '민속 문화예술 특구'로 지정되는 영광을 얻기도 하였다.

이렇게 형성된 '진도 고유의 문화'는 진도인의 혼이요 삶 그 자체이다.

말하자면 진도인은 바로 자신들의 마음속에 잠재되어 있는 이 문화로 인해 하나로 뭉치고 하나의 집단이 되고 성숙한 진도인이 되어 거친 바다와 드넓은 육지로 나아가 확산 발전한다.

또, 멀리 떠나 살고 있다가도 진도라는 어머니 품속으로 다시 귀향하게 하는 원동력이 된다. 그런 연유로 인해 진도 문화는 우리를 하나가 되게 하는 힘이다. 그래서 진도인은 사소한 문제로 서로 다투다가도 '진도'라는 문화 용광로 안에서 다시 하나가 될 수가 있다

그리고 그 힘은 혼자서는 미약하지만 3만 3천여 명의 진도인들이 동시에 폭발한다면 한반도는 물론 세계를 뒤흔들고도 남을 것이고, 그것이 바로 진도 문화의 진정한 힘인 것이다.

우리는 이러한 고유의 진도 문화를 계승·발전시키는 데 온 힘을 기울여야 한다. 이것이 진도인의 정체성을 확립하는 길이기도 하다. 여기에는 타 문화와의 융합과 존중도 포함된다.

고대 그리스인들이 이루어 놓은 찬란한 문화 문명은 오늘날까지도 유럽을 비롯한 세계의 수많은 나라에 영향을 끼치고 있으며 정신적인 문화유산이 되고 있다. 우리는 이런 것들을 타산지석으로 삼아 진도 문화를 보존하는 데에만 그치지 말고, 그 힘을 요원의 불길처럼 피어나게 하여 온 세계에 넘쳐흐르게 해야 할 것이다.

최근에 K-팝의 아이돌 그룹들이 가요계의 신세계 문화를 창조하여 세계의 음반 시장을 석권하면서, 한국의 이미지가 크게 상승함으로서 그에 수반된 부수 경제효과도 엄청나다.

이렇듯 우리 진도 문화도 대한민국 국민 모두를 문화적으로는 진도인에 속하게 만들어 결국 그들이 진도를 찾게 하고, 그렇게 되면 관광 특수도 누리게 되어 특산품도 잘 팔릴 것이며, 이는 진도의 경제에도 든든한 기반이 될 것임은 당연하다.

'진도 문화'도 이와 같이 만들자. 그래서 오늘날 그리스나 이탈리아를 비롯한 유럽인들이 선조들 덕에 관광산업이 크게 발달한 것과 같은 효과를 우리 후손들도 누릴 수 있도록 하자.

그리하면 진도가 한반도 끝자락에 있는 고요한 온실 속의 조그만 섬이 아니라, 전 세계를 뒤흔들고 요동치게 하는 문화의 심장과 같은 중심지가 되어, 마치 울돌목의 회오리치는 물살이 모든 것을 빨아들이듯이 세계인들을 진도 속으로 수렴시킬 수 있게 될 것이다.

그동안 진도문화원은 진도의 문화를 발굴하여 체계화하고 축적 발전시키는 데 지대한 공헌을 해왔다. 향후에도 바로 이런 일들의 중심에 서서 선도적 역할을 해주어야 한다.

그렇게 되면 그 효과로 인한 열매는 오롯이 일반 군민들에게 돌아갈 것이기 때문이다.

## 2. 고향 생각

여기에 게재한 3개의 글 역시 귀향 후 2017년경 진도문화원 소식지 『진도 문화』에 고향 발전을 염원하며 기고한 것을 수정하여 실었다.

**용장성과 개판 오분 전**

고향 '진도'에 대해 뭔가 한마디 남기고 싶어 우선 사전에서 '고향'이란 단어부터 찾아보았다. 고향이란 '자기가 태어나서 자란 곳, 조상 대대로 살아온 곳, 마음속에 깊이 간직한 그립고 정든 곳'으로 정의하고 있다.

아무튼 우리나라 사람들의 고향에 대한 무한 애정은 남다른 데가 있다. 이러한 감정은 근대에 들어와 우리 민족 수난의 역사적 산물이라는 관점에서 보면 충분히 이해되고, 거기에 가슴 아픈 사연들도 많다.

구한말에는 일본제국의 식민 지배로 많은 사람이 조국을 떠났고, 해방 후에는 6.25 전쟁으로 인해 민족 대이동이 일어나 또다시 수많은 이산가족이 생겨났다. 그리고 조국 근대화 시기에는 젊은이들이 청운의 꿈을 안고 너도나도 고향을 등지고 도시로 떠났다.

나 역시 1960년대부터 고향을 떠나 객지 생활을 하였고, 은퇴 후 잠시 귀향하여 10여 년을 보냈으나 지금은 재상경하여 고향을 떠나 살고 있다.

진도에는 우리 민족 수난의 역사를 대변해 주는 유적지 중의 하나인 용장성이 있다.

삼별초 대몽항쟁 기념탑 ▲        용장성 터 ▲

지금부터 700여 년 전, 고려 조정이 몽골에 패하여 항복하자 배중손 장군이 이끄는 삼별초 군은 강화도에서 진도로 이동하여 이곳에 새로운 왕을 모시고 몽골에 저항했다. 용장성은 삼별초군이 여기에 산성을 구축하고 여·몽 연합군과 대치하며 9개월간 피의 항쟁을 벌였던 처절한 역사적 현장이다.

삼별초군이 진도로 이동해 올 때 꼬리를 문 함선의 행렬이 천여 척이었다 한다. 그러나 결국에는 제주도까지 쫓기며 저항하였으나 1273년 2월, 끝내 함락되어 3여 년의 항쟁은 끝나게 된다.

'개판 오분 전'이란 말이 있다. 흔히 '개판 오분 전'은 '개犬들 집단이 모여 싸우기 직전으로 곧 엉망진창이 된다'는 의미로 사용되고 있는데 본뜻을 그렇지 않다. 원래의 뜻에는 가슴 아픈 이야기가 숨어 있다. 6.25 전쟁 당시 많은 피난민이 부산으로 모여들었다. 지금의 부산 국제시장 등이 피난민들의 집합소가 되었다.

여기에서 피난 온 사람들에게 식사 배급을 하였는데, 밥이 거의 다 되어가면 밥 솥 뚜껑을 열기 5분 전에 "개판 오분 전!開版五分前"이라고 외쳤다. 그러니까 이는 '곧 솥뚜껑을 열고 배식하니 준비하라'는 신호였다. 이 외침을 들은 굶주린 피난민들은 밥을 배급받기 위해 배식하는 곳으로 우르르 몰려들면서 아수라장이 되었다.

그래서 '개판'이 '아수라장'이라는 의미로 변질되고 말았는데, 이렇듯 전쟁의 혼란 속에서 생겨난 이런 슬픈 사연을 담고 있다.

이곳 용장성에서 삼별초가 항전하는 동안 얼마나 많은 사람들이 희생되고 고초를 겪었는지는 말할 필요조차 없겠다. 같은 전쟁터이지만 부산 피난민 촌의 '개판 오분 전'은 비교할 수 없을 정도였을 것이라는 데 생각이 미치자 더욱 가슴이 먹먹해진다.

수난의 역사는 이뿐만 아니다. 울돌목은 정유재란 당시 이순신 장군이 수많은 왜군을 수장시킨 명량대첩의 현장이기도 하다.

이와 같은 수난의 역사와 갖가지 삶의 애환이 어우러져 수백 년간 내려오면서 오늘날 진도만의 독특한 문화가 생겨났다. 그래서 '진도아리랑'으로 대표되는 애끓는 듯한 진도의 독특한 노랫가락 소리에는 타 지방 아리랑과는 확연히 다른 면이 있다.

이것이 바로 진도인에게 이어져 내려온 혈통적 사고이자 향후에도 버리지 말고 지켜나가야 할 전통이며 자부심이다.

그런가 하면 진도에는 이미 세계적으로 관심을 받는 천연기념물 53호인 진돗개와 청정 무공해 해산물과 다양한 특산품도 많다. '모세의 기적'으로 널리 알려진 신비의 바닷길과 수려한 자연풍광은 빼놓을 수 없는 또 하나의 자랑거리다.

진도 신비의 바닷길 ▲

한편, 요즈음은 지방자치의 시대가 되어 각 지자체가 자기 고장 고유의 문화를 '전국화' 나아가서 '세계화'하려고 애쓰고 있다. 의욕이 지나쳐 없는 문화도 새로이 창조할 기세다. 우리도 가만히 있어서는 안 된다. 진도 고유문화를 계승하는 것에 만족하지 말고 더욱 발전시켜야 한다. 유럽 등 선진 각국이 그들의 문화유산을 적극 활용한 관광 수입이 중요한 국가 수입원의 하나인 것을 벤치마킹하자는 것이다.

옛날에는 진도 사람들이 새로운 삶을 찾아 서울 등 대도시로 떠나갔었지만, 지금은 시대가 바뀌어 그들이 어디에 살고 있든지 자랑스러운 진도인이며, 그들의 핏속에는 진도인만의 혼과 사상이 잠재되어 있기 때문에 고향의 발전을 염원할 것이다.

그래서 진도는 계속 발전하고 진보하게 되어 있다. 그렇게 되면 고향을 떠났던 이들도 언젠가는 다시 새로운 희망을 찾아 진도로 되돌아오게 될 것이다.

### 진도대교와 진도항

울돌목과 진도대교 ▲

진도항 ▲

용장성이 진도 수난사의 상징이라고 한다면, 1984년에 완공된 진도대교는 진도의 변화와 발전의 상징이라고 할 수 있다.

진도대교 개통으로 인해 진도는 이제 섬이 아니다. 외부 지역과 교류가 이전보다 훨씬 더 다양하게 되었고, 지금은 이 진도대교를 통해서 진도의 전통문화와 먹거리가 육지를 거쳐 해외로 수출되고 있다. 그리고 많은 관광객이 진도를 찾고 투자도 늘어나 진도 경제발전에 큰 보탬이 되고 있다.

그러므로 앞으로도 계속 목포, 광주, 서울을 거쳐 대륙을 관통하여 유럽까지 교류가 확대되고, 더불어 진도항을 통해 중국과 동남아로 교류가 더욱 확대 될 수 있도록 해야 한다. 우리나라 동쪽은 부산항을 중심으로 일본과 미주 대륙으로 나가고, 서쪽은 진도항을 통해 중국과 동남아로 무역이 확대되는 산업의 축이 되어야 한다는 것이다.

따라서 진도항 개발은 진도 발전의 핵심 요소이다. 진도항은 얼마 전까지 팽목항으로 불리었다. 이 팽목항은 2014년 4월 16일, 세월호 참사가 일어난 통한의 앞바다를 바라보고 있는 항구다.

진도항은 지형적으로 동북아 물류 거점으로서의 많은 장점을 갖고 있어, 이를 잘 활용하여 대륙과 해양을 연결하는 중개 무역의 거점으로 키워야 한다. 네델란드 로테르담이나 싱가포르처럼 우리도 그렇게 만들 수가 있는 것이다.

그러기 위해서는 우리는 용장성과 같이 우리 것을 지키고 보전하는 보호주의 정책도 필요하고, 우리 것을 타 지역으로 수출하고 타 지역 문물을 받아들이는 진도대교와 진도항의 대외 개방정책도 필요한 것이다.

특히 진도항이 목포항의 대체 항구로서의 역할수행을 할 수 있도록 활성화된다면 진도의 위상은 크게 달라질 것임은 분명하다.

여기서 하나 경계해야 할 것은 앞으로는 이 땅에 다시는 전쟁의 역사가 되풀이되지 않도록 해야 한다는 것이다.

물론, 이는 우리 국민 모두의 염원이기도 하다. 우리 조상 대대로 살아오고 있는 이 땅이 앞으로는 슬픔과 눈물이 아니라 기쁨과 행복이 넘치는 역사의 현장이 되길 바란다.

## 진도 발전을 염원하며

인류의 역사는 삶의 개척과 동시에 서로 더 많은 것을 차지하기 위한 정복과 경쟁의 역사다.

특히 20세기에 들어와서는 무분별한 개발로 인한 지구 오염과 환경 훼손을 문제 삼는 환경보호 운동이 비정부기구(NGO)를 중심으로 전 세계적으로 일어나기 시작하였으며, 우리나라에서도 여러 NGO 들이 활동하고 있어 '개발과 환경보존' 사이에서 양측 대립의 수위가 점점 더 고조되고 있다.

이는 오늘날 원자력 발전소 건립과 핵폐기물 처리 문제, 싸드(THAAD) 배치[01], 쓰레기소각장 설치, 화장장과 장례식장의 건립 등 해당 지역의 주민들과 관련 기관 간의 갈등과 충돌이 대표적인 분쟁 사례이다.

이뿐만 아니라 지역 발전을 위한 도로나 항만 건설, 도시 개발 등에서도 사업 주체와 지역 주민들 간에 많은 갈등이 표출되고 있음을 보

---

01 싸드(THAAD); Terminal High Altitude Area Defence의 약자, 고고도 미사일 지역방어 체계를 말한다

게 된다. 양 측의 이해충돌은 행정적, 경제적 손실은 물론 지역 분열 등의 피해는 심각한 사회문제가 되고 있다.

물론 상호 간 그동안 분쟁의 경험으로 뭔가를 개발할 때면 환경 영향 평가도 하고, 환경오염 문제 최소화를 위한 장치, 피해보상금 지급 등 최선의 방안을 강구하고 있다.

그러나 분쟁은 쉽게 해결이 되지 않는다. 양측의 바라보는 시각이 근본적으로 다르고 이해관계도 복잡하게 얽혀져 있기 때문이다. 이는 우리 진도에서도 성장을 위한 개발 과정에서 피해 갈 수 없는 문제이기도 하다.

우리는 여기서 개발은 해야 하는데, 이에 따른 갈등도 필연적이라고 한다면 두 마리의 토끼를 다 잡으려고 애쓰기보다는 갈등을 최소화하는 방향을 찾는 것이 현실적인 대안일 수도 있다.

우선 우리 진도는 무엇을 어떻게 개발하여 발전시키는 것이 좋고 그 최선의 방안은 무엇인지를 찾아볼 필요가 있다. 그 해답을 얻기 위해 먼저 진도의 특성을 살펴보자.

첫 번째는 무엇보다도 먼저 천혜의 지리적 특성을 들 수 있다. 진도는 진도대교를 통해 육지와 연결되어 있긴 하지만 사면이 바다로 둘러싸여 있는 섬들로 이루어져 있다. 여기에 물살이 세고 오염되어 있지 않아 청정 자연환경을 유지하고 있다. 기후가 온화한 편이고 땅도 기름지다. 그래서 농·수·축산물이 천연 유기농 효과로 타지역에 비해 비교 우위에 있다.

두 번째는 진도는 위와 같은 지리적 특성에 의해 다도해의 한 부분으로 그대로 천연의 수려한 풍경을 자랑한다.

세 번째는 진도는 정부가 지정한 '민속 문화예술 특구'로서 정신적인 문화유산을 많이 가지고 있다.

위 3가지를 특화하여 부가가치를 극대화함으로써 경제적 효익을 최대화하여야 한다는 것은 누구나 공감할 수 있는 처방이다.

첫 번째의 경우 혹자는 1차산업에 그렇게 투자할 필요가 있느냐고 반문할 수도 있겠지만 세상이 아무리 변화하더라도 인간이 먹거리 문제는 근본적인 문제다. 혹시나 식량의 무기화에도 대비하고 무엇보다도 진도의 농·수·축산물이 국제사회 특히 선진사회에서 차별화된 제품으로 인정받게 되면 더 이상 말이 필요 없을 것 같다.

진도의 천연 자연경관은 관광산업 육성을 위해 약간의 훼손을 감수하더라도 개발이 필요한 부분이다. 여기서 개발에 따른 이해관계자들의 대립과 분쟁을 예상할 수 있는바, 이 문제를 슬기롭게 극복하는 구체적인 방안을 마련해야 한다.

그리고 진도 고유문화는 현재에 만족하지 말고 국내는 물론이고 세계화에 힘써야 한다. 진도 고유문화를 더욱 갈고 닦아 최근 세계 음반시장을 휩쓸고 있는 K-팝과 같은 작품들을 만들어 내자는 것이다.

이런 일들이 제대로 추진되려면 무엇보다도 유능한 지도자를 뽑는 것이 가장 중요하고 시급하다. 그리고 각 분야에 능력 있는 전문가를 모시는 것도 한 가지 방법이다.

진도군민 모두가 우리의 미래에 관심을 가지고 한마음으로 머리를 맞대고 논의해 보면 최상의 지름길은 자연히 열리지 않겠는가.

## 3. 행복했던 전원 생활

나의 고향 진도에 대한 추억은 중학교 때까지가 전부라고 할 수 있다. 그래도 부모님이 생존해 계실 때는 일년에 몇 차례씩 방문하였으나 어머니마저 소천하신 후로는 고향에 가는 것이 그리 쉽지만은 않았다.

그리고 가끔 진도를 방문한다고 하더라도 이미 정해진 짧은 일정으로 산소와 친척 집에만 잠깐 들르거나 읍내에서만 머물게 되어 죽림이나 다른 지역 마을에는 가볼 기회가 거의 없었다.

그래서 고향 마을 어르신들이나 후배들이 나에 대해 약간의 서운함을 토로하곤 했다는 이야기도 들려왔지만 나 역시 어쩔 수 없었노라고 변명하지 않을 수 없다.

그러던 차에 진도군수 선거운동을 계기로, 아예 고향으로 귀향하게 되었다. 그래서 이 군수님 취임 이후 가족들과 상의한 끝에 우리 부부는 진도읍으로 이사를 했다. 귀향의 명분도 있었고 이번에야말로 '고향을 위해 봉사할 좋은 기회'라고 생각했기 때문이었다. 이후 나의 60대 시절 10여 년을 고향에서 보내게 되었으니 참으로 다행이고 감개무량하지 않을 수 없었다.

광주에서 나고 자라 도시 생활에만 익숙한 아내는 신혼 초에는 시골 생활, 특히 진도의 풍습에 잘 적응하지 못하여 함께 고향 집에 자주 가기가 여간 쉽지 않았다.
그러나 '세월이 약'이라고 했던가, 나이 60이 되니 "고향에 가서 살자"는 나의 제안에 흔쾌히 응해 주었다. 그리하여 서울 생활을 접고 고향으로 이사했다. 내가 노년에 고향 땅을 밟고 다닐 수 있었던 것은 모두 다 아내의 이해심 덕이라 할만하다.

남녘의 땅 진도는 한겨울이 지나고 3월이 되면 제주도와 함께 우리나라에서 가장 먼저 온갖 만물이 소생하기 시작한다. 겨울 추위를 이겨낸 월동 배추, 대파, 봄동과 함께 동백, 개나리, 매화, 진달래, 벚꽃이 온 산천에 만발하여 별천지를 이룬다.
우리 귀에 익숙한 가곡처럼 그야말로 '봄이 오면 산에 들에 진달래가 피어~' 천지가 아름다운 것도 있었지만, 시골 생활을 한 번도 경험해 보지 못한 아내를 매료시킨 것은 몇 가지가 더 있다.
그 하나는 봄철이 되면 고사리, 두릅, 엄나무 순, 쑥, 달래, 냉이 등이 온 산야에 가득해서 잠시 자신의 나이를 망각하고 '꽃바구니 옆에 끼고 나물 캐는 아가씨'처럼 정신없이 돌아다니다 보면 엔도르핀이 절로 솟아난다.

그리고 또 한 가지는 바닷물이 썰물이 되면 고향마을 앞바다에 펼쳐지는 갯벌의 장관에 넋을 잃고 서 있다가 바지락 등 각종 조개를 캐고, 낙지, 문어, 해삼, 군소, 돌게, 성게를 잡는다. 잡는다기보다는 그냥 바구니에 집어 담는다. 시앙굴 이나 탑리 앞 갯바위에서는 고동, 뿔소라, 홍합, 거북손, 전복 등을 딴다. 신바람이 난다.

나 역시 어린 시절 이후 50여 년 만에 해보는 일이라 옛 추억이 생각나기도 하여 좋았지만, 과유불급이라고 했던가, 거의 매일 물때에 맞춰 갯가에 나가자고 졸라대는 아내 때문에 어느 때는 시간에 맞추어 몰래 도망가기도 했다.

집 옆에는 사방이 빈터라 50여 평의 텃밭을 빌려 온갖 작물을 재배하기도 했는데, 고추, 토마토, 부추, 상추, 들깨, 쪽파, 쑥갓, 옥수수, 가지, 오이, 수박, 참외, 호박, 고구마, 땅콩, 보리콩 등 수십 가지 작물을 심었다. 아내는 시골 생활이 보통 바쁜 것이 아니라는 사실을 그때야 알아차렸다.

뭔지도 모르면서 내가 시키는 대로 이런저런 씨를 뿌리고 흙을 덮어주더니, 어느 순간부터 하루가 다르게 자라나는 녹색의 향연을 보고 신기한 모습에 어쩔 줄 몰라 했다. 젊은 시절 아내를 시골에 한 번 데리고 내려가려면 상당한 눈치를 보면서 말을 꺼낼 타이밍을 찾아야 했었던 그 아내가 맞나 싶을 정도였다.

그래서 항상 우리의 식탁은 직접 생산한 싱싱한 채소류와 바다에서 나는 해산물로 가득 찼다.

거기에 더하여 나는 틈틈이 지인들과 낚시도 다녔는데 가까운 섬인 모도, 금호도, 구자도, 독거도에서 즐겼고, 멀리 맹골도, 서거차도, 복사초, 조도까지 찾아다니기도 했다.

그렇지만 계속해서 이런 일만 했으면 조금 질리기도 했을 텐데, 다른 한편으로는 진도문화원에 적을 두고 우리 내외가 관심이 많았던 문화활동도 함께 했으니, 그야말로 살맛 나는 일거양득의 전원생활이었다.

검은 반도체라 불리는 물김 위판장 ▲    한겨울 눈 속의 진도 대파밭 ▲

## 4. 황혼의 언덕에 서서

"할아버지! 오늘 제 친구의 할아버지가 돌아가셨어요. 우리 할아버지는 100살까지 오래 사실 거죠? 그러려면 운동도 열심히 하시고, 제가 커서 의사가 되면 나쁜 병도 고쳐드릴게요. 알았죠?"
"오냐, 고맙다, 귀여운 내 손주!"
얼마 전 초등학교 1학년인 손자 영유와 나눈 대화다.
내가 어릴 적에 마을 어르신들이 "그래도 마음은 청춘이여!"라고 하시는 말씀을 가끔 듣곤 했었는데, 그때마다 무슨 말인지 의아해했던 기억이 난다. 그런 내가 벌써 할아버지가 되다니, 어떻게 이렇게 세월이 눈 깜짝할 사이 한순간에 지나가 버렸는지 모르겠다.

사실 우리 내외는 얼마 전까지만 하더라도 고향에서 만족한 전원생활을 누리고 있었다.

그래서 먼저 귀향 초기에 내가 느꼈던 얘기부터 시작하면서 이제 황혼의 언덕에 올라선 자신을 되돌아보려고 한다.

우선 고향에 정착하며 가장 놀랐던 점은 내가 살았던 유년 시절만 해도 진도 인구가 12만 명이 넘었는데, 지금은 그 1/4에 지나지 않는다는 것이었다. 더구나 우리 때만 해도 어린이와 청년들이 대부분이었는데 지금은 대부분 나이 드신 분들 뿐이다.

그리고 믿기지 않을 만큼 편리해진 교통도 놀라웠다. 옛날에는 고향 마을 죽림에서 진도읍까지 가려면 산길을 걷고 버스 타고 해서 두세 시간씩 걸렸는데, 지금은 포장도로에 자동차로 15분밖에 걸리지 않는다.

내가 고등학교 다닐 때 죽림에서 목포까지 여객선으로 5시간이 걸렸고, 광주까지는 완행버스로 10시간이 걸렸었다. 그나마도 버스가 제대로 가는 경우는 거의 없었다. 흙먼지를 일으키며 가는 도중 꼭 타이어 펑크가 나서 차에서 내려 한참 동안을 기다려야 했다. 지금은 목포까지는 승용차로 40분, 광주까지는 90분이면 충분하다.

내가 진도를 떠나 살았던 세월은 고향을 너무 많이 바꾸어 놓았다. 학창 시절에 배웠던 고려 충신 길재吉再의 시조를 이렇게 고쳐 읊어야 마땅하다.

「오십 년 만에 고향 땅을 자동차로 돌아드니
산천은 태변太變하고 인걸人傑도 간데없네」

이 책의 여러 곳에서 언급한 '진도의 어제와 오늘 그리고 미래'에 대한 이런저런 글들이 무겁게 나의 마음을 눌러온다.

진도 경제가 그런대로 유지되려면 무엇을 하더라도 일정 규모 이상의 사람이 있어야 하는데, 인구가 자꾸만 줄어드니 이 일을 어찌하면 좋겠는가? 그런데 나 역시 또다시 고향을 떠나게 되었으니 이에 대하여 뭐라 할 말이 없다.

우리 부부는 바쁘게 사업하는 장남 내외가 '손주들을 돌보아 주어야 한다'기에 2019년 가을, 고향 생활을 접고 아들이 살고 있는 경기도 동탄 신도시로 이사했다.

처음엔 새로 시작된 도시 생활이 왠지 낯설기만 했는데, '사람은 환경 적응 동물'이란 말처럼 귀향 이후 오랫동안 단절됐던 지인들을 만나면서 얼마 되지 않아 고향을 떠날 때 착잡했던 심정은 어디로 가고 즐거운 시간을 갖게 되었다. 은퇴 직후의 생활로 다시 돌아온 것이다. 그리고 손주들과 함께 보내는 시간은 덤이 되었다.

나로서는 이렇게 뒤늦게나마 지속적으로 지인들을 만나 무료하지 않은 시간을 보낼 수 있음은 퍽 다행이다.

통상 친구들을 나눌 때 초등학교 친구는 깨복쟁이 ('발가벗은 사람'의 사투리) 친구라 하여 가장 허물없는 친구를 말하고, 중·고등학교 친구는 사춘기인 청소년기를 함께 보낸 그야말로 사랑과 우정의 친구를 말하며, 대학교 때와 사회에서 만난 친구는 이성과 품격의 친구를 의미한다고 할 수 있다.

나는 요즈음 깨복쟁이와 중학교의 고향 친구들을 비롯하여 고교 동창들, 대학교 뜸컬회, 연수시절 동기들, 거래소 선후배들과 정기적으로 어울리며 노후를 보내고 있다.

그렇지만 이러한 다양한 모임도 모임의 성격에 따라 서로 다른 방식으로 행사가 진행된다. 예를 들면 가장 격의 없이 지내는 고교 동창들과는 둘레길 걷기, 등산, 바둑, 당구 등으로 시간을 보낸다.

직장 동료와의 모임에서는 주로 가벼운 산책 후 식사와 술좌석이 기본이다. 물론 재직 시의 무용담은 빠질 수 없는 안주다.

모든 만남이 이렇게 즐거움으로 빠져들게 만드니 더욱 자주 만나고 싶고, 그러다 보니 나는 또다시 바쁜 일상을 보내게 되었다.

고교 동창들과 서울대공원 둘레길에서 ▲

거기에다 지금은 손주들을 돌보느라 매일 정신이 없다. 애들의 방과 후에 이 학원에서 저 학원으로 데려다주다 보면 정신없이 오후 시간이 다 지나간다.

이런 와중에서도 틈틈이 짬을 내어 문화예술 활동으로 아내가 좋아하는 클래식 연주회나 영화관, 미술 갤러리 등도 찾는다.

최근에는 미래세대가 필히 알아두어야 할 인공지능 컴퓨터 시스템 AI(Artificial Intelligence)에 관하여 공부하고 있다. 그리고 사정이 허락한다면 텃밭 가꾸기도 하고, 그동안 잊고 지내던 천주교에도 다시 나가려고 한다.

얼마 전 어떤 모임에 참석했는데 어느 한 분이 "오래 살다 보니 최근에는 만나는 사람도 거의 없어 혼자 쓸쓸히 산책만 한다"는 이야기를 하기에 조금 움찔했다. 나이가 들면 사회 활동도 현저히 줄어들어 혼자 지내는 시간이 많아지는 것은 당연하다.
그러나 나는 아직 이렇게 바쁘게 살고 있으니, 그동안 살아오면서 만난 지인들과의 오랜 인연이 새삼 고맙다. 부모님이 물려주신 건강 체질도 감사할 일이다.

인생은 긴 여행이라고 한다. 나도 나름의 인생길을 걷다 보니 어느덧 고희의 언덕을 넘어서고 있다.
앞으로 얼마만큼 더 걸어가야만 하는지는 알 수 없으나, 이제부터라도 담담히 이것저것 주변을 정리하면서 여생의 여행을 후회 없이 마무리하고 싶다.

# 제4부
# 가이없는 마음의 길

2000년, MSU연수생 선발기념 가족사진 ▲

1. 취미와 여가 생활
2. 문화 탐방
3. 에움길 단상
4. 자작 한시

# 1. 취미와 여가 생활

### 아마추어 스포츠 매니아

현대 생활에서 취미와 여가 활동은 대부분 사람에게 필수 불가결한 휴식의 방식으로 자리 잡고 있다.

취미와 여가 활동이 가져다주는 장점으로는 자연과의 교감을 통한 정신적 안정, 창의력과 영감의 원천, 신체 건강증진, 가족및 지인들과의 교류, 스트레스 해소 등 무궁무진하다.

나는 젊은 시절부터 운동이라면 뭐든지 좋아하고 즐기는 스포츠 매니아였다. 그러나 아쉽게도 어떤 운동이든지 전문적이고 체계적으로 배운 선수 출신이 아니어서 최상급까지는 도달하지 못하였고, 항상 중급 정도의 아마추어 수준에 머물 수밖에 없었다.

그렇지만 축구, 배구, 탁구 등은 학교 체육시간에도 배웠고, 계속해

온 운동이라 사회생활을 하면서도 쉽게 접할 기회가 많았다.

내가 직장 초년병 시절이던 1980년대 여의도는 그야말로 황량한 벌판이었다. 수만 평의 빈터는 고추, 배추, 상추 등 채소밭이었고, 밤에는 젊은 데이트족들의 은밀한 공간이 되기도 했다.

그리고 이 공터가 축구, 배구, 야구 등 운동을 즐기려는 직장인들의 운동장으로 이용되었다.

우리 회사 축구부도 10여 개 회사로 구성된 '여의도 직장 리그'에 가입하여 휴일이 되면, 이런 빈터나 한강 둔치, 국회의사당 운동장, 여의도 고등학교 등에서 수시로 시합을 갖는 등 동호인 활동이 무척 활발했다. 나도 축구부 회원으로 열심히 참여했었다.

증권거래소 축구동호회 ▲

그런데 사실 나는 축구보다는 배구에 더 관심도 많고 자신이 있었다. 학창 시절 배구선수였던 초등학교 친구 연철 군과 각종 대회에 함께 참가하기도 하고, 대학교 새내기 때에는 사회 계열 배구 시합의 고정 멤버였다. 직장에 다닐 때도 사내 체육대회 때나 타 회사와의 친선 게임 등이 있을 때면 늘 회사 대표로 출전했다.

  탁구 또한 빼놓을 수 없는 종목 중 하나다. 거래소 지하 헬스장에는 탁구대가 여러 대 설치되어 있어서 짧은 점심시간의 자투리 시간이나 퇴근 후에 꼭 들려야 하는 곳이었다. 그리고 때로는 여의도 지역 여러 회사와 탁구 교류를 통한 친목 모임을 갖기도 했다.

  지금까지 얘기한 구기 종목은 청소년이나 성인들 구분없이 모두가 여가를 즐기는 국민스포츠라고 할 수 있다. 그런데 여유가 있어야 할 수 있는 운동이 있다. 골프와 테니스가 그 대표적인 예이다.

  테니스는 각종 구기 종목과 골프의 중간쯤에 있는 운동이라 하겠는데, 나는 직장과 가정생활이 안정된 30대 중반부터 테니스에 관심을 갖게 되었고, 한때는 정식으로 코치의 교습을 받아 가며 본격적으로 운동했다. 회사에서는 직원들의 건강증진과 후생 복지 차원에서 여의도와 신길동에 테니스 코트를 임차하여 편익을 제공했다.

  또한, 고척동 조합 아파트 옆 고척중학교 테니스장에는 회사 동호인끼리 야간조명을 설치하여 저녁 시간에도 줄곧 테니스를 즐겼으며, 그러던 어느 해에는 한국경제신문 주최 '여의도 직장인 테니스 대회'에 회사 대표로 출전하여 입상하기도 했다.

  우리들은 보통 테니스 게임 중에는 시원한 맥주를 마시며 그동안 쌓인 스트레스를 풀곤 했었는데, 옥과장님을 비롯한 애주가 멤버들은 게임을 마친 후에도 매번 여의도 임차 코트 앞 단골 맥줏집에 들러 회사의 당면 문제와 세상사에 대하여 열변을 토하던 추억이 새롭다.

사실 대부분 스포츠는 혼자 할 수 있는 것이 아니다. 학창시절부터 직장생활에 이르기까지 정말 많은 분과 함께 땀을 흘렸다.

당시 함께 뛰었던 친구들, 직장 동료들의 얼굴이 파노라마처럼 스쳐 지나간다. 물론 지금까지 교류가 이어지고 있는 분들도 있지만 그렇지 못한 분들도 많다. 그분들의 안부가 새삼 그립다.

이제 골프에 관해 얘기해 보련다. 얼마 전까지만 하더라도 골프는 사회적으로 어느 정도 성공한 사람만이 할 수 있는 고급 스포츠라고 해도 과언이 아니었다. 경제적, 시간적, 정신적 여유가 없이는 쉽게 접할 수 없는 운동이기 때문이다.

나는 40대 중반까지는 테니스를 열심히 쳤는데, 순발력이 필요한 격렬함 때문인지 가끔 허리가 좋지 않던 차에 마침 주위 동료들의 권유도 있고 해서 골프를 배웠다. 그리하여 열심히 교습도 받고 충실히 연습도 하고 있던 차에 미국으로 장기 연수를 떠나게 되었다.

미국에서 생활하다 보니 그곳에서는 골프가 우리나라에서 누구나 즐기는 축구나 야구와 같은 일상생활 스포츠 중의 하나임을 알게 되었다.

가장 놀라웠던 점은 너무도 저렴한 그린피였다. 당시 우리나라에서 골프장에 한번 가려면 10만 원~15만 원 정도가 든다. 이는 골프를 아무나 할 수 없게 만든 가장 큰 장애 요인이었다. 그런데 미국에서는 그린피가 18홀 1회 라운딩에 5불~10불, 그러니까 1만 원 정도면 충분하다.

골프장 수도 그 당시 우리나라 전체 골프장 수가 150여 개였는데, 미국은 전체적으로 1만 개가 넘고, 미시간주에만 800여 개가 있으며, 미시간 주립대학이 있는 춘천시 정도 규모의 랜싱에도 40여 개의 골프장이 있었다.

나는 우리가 살던 집 바로 옆에 있는 썬(sun) 골프장에 6개월에 약 30만 원을 지급하고 정기권을 끊었다. 그렇게 하여 날씨와 상관없이 거의 매일 골프장에 나가 연수 기간동안 200회 정도 라운딩했다. 그러다 보니 골프 실력도 약간 늘어 '보기' 플레이어 정도가 되었고, 실제로 연수 동기 30여 명이 참가한 골프대회에서 86타로 우승한 적도 있다.

귀국 후에도 시간이 될 때마다 가끔 골프를 즐겼고, 퇴직 직후 주머니 사정이 넉넉하던 호시절에는 직장 동호인들과 함께 중국 하이난섬, 광저우 등 해외 원정 골프 여행도 다녔다. 그러나 언제부턴가 시들해지더니 시골로 귀향 후에는 일단 접게 되었다.

### 산악회와 양주 산악회

등산은 직장생활 동안 가장 열심히 했었던 취미생활 중 하나다. 나는 입사 후 바로 산악회에 가입하여 꾸준히 참석했다. 거래소 산악회는 매월 1회씩 회사의 대형 버스로 전국 명산을 찾아 등반하였는데, 퇴사 때까지 어림잡아 150회 정도 산행을 한 것 같다.

언젠가 월간 『산』지에 '한국의 명산 100선'이 소개되었는데, 그중 내가 직접 등반한 산을 세어 보니 70여 개쯤 되었다.

등산에 관해서는 잊지 못할 추억들도 많았었는데, 그중에서도 일명 '양주산악회' 산행과 백두산·금강산 등반이 생각난다.

내가 연수과장이던 시절, 가끔 토요일 오후가 되면 당시 홍인기 이사장님과 간부 몇 분들이 북한산을 산행했다.

나는 배 인사과장님과 함께 산행 준비와 연락책으로 고정 참가하였는데, 첫 산행 때 이사장님이 양주 한 병을 가지고 오셔서 일행이 등반 도중 함께 마시며 흥에 겨워 노래를 부르다 보니 '작은 산상 음악회'가 되었다.

당시에는 야외 고성방가가 허용되던 시기였고, 홍 이사장님은 애창 가곡 CD를 두 번이나 제작 발표할 정도의 음악 애호가이셨다.

이것이 계기가 되어 다음 산행 때에는 부장 몇 분이 가지고 오더니, 나중에는 매회 10여 병씩 양주가 등장하여 일명 '양주 산악회'란 별칭으로 부르게 되었고, 그러기를 한동안 지속하다가 홍 이사장님의 퇴임으로 자동 해산되었다. 직장생활 중 잊지 못할 한편의 추억담이다.

증권거래소 산악회 ▲

### 백두산과 금강산 등반

TV에서 북한에 관한 뉴스나 탈북민 등을 통해 북한 소식을 접할 때면, 늘상 우리 부부가 백두산과 금강산을 다녀올 수 있었던 것이 얼마나 행운이었는지를 생각하곤 한다.

나는 2003년 6월, 고교 총동문회가 주관한 '문태 산악회'의 일원으로 백두산 등정을 할 기회가 있었다.

그동안 중국 여러 지역을 몇 번 여행하면서 느낀 점은 선진국처럼 깨끗하고 질서정연하지는 못해도 자연경관만큼은 빼어나고 웅장하여 사람들의 넋을 잃게 만든다는 것이었다.

하여튼 2시간여 비행 끝에 길림성 장춘에 기착하여 환승 후 연길시에 도착했다. 이윽고 시내에 나와 보니 대부분 간판이 한자와 한글이 병행하여 쓰여 있는 것이 제일 먼저 눈에 띄었다. 그걸 보는 순간 그동안 늘 잊고 살았던 우리 동포들이 살고있는 고장이라는 걸 실감할 수 있었다.

용정중학교 교정의 윤동주 시비와 차창 너머의 해란강, 멀리 산 위의 일송정을 바라보면서 일제 강점기에 우리나라 선구자 독립투사들이 일본군에 맞서 전투를 벌이는 장면을 상상해 보았다.

또한, 토문에서 바라보는 두만강 건너편 북한 땅은 나의 마음을 더욱 착잡하게 만들었다. 먼저 나무 하나 없는 민둥산이 눈에 띄었고, 보초 서고 있는 병사들의 모습은 너무나 애처로웠다.

이튿날 새벽 숙소를 출발하여 자작나무 군락지, 온천 지대, 장백폭포를 지나 1,400여 개의 계단을 올라 백두산 천지에 도착했다. 그때가 초여름이었으나 아직 얼음이 다 녹지 않은 천지의 차가운 물에 손을 담가보며 잠시 상념에 젖어 보기도 했다.

거기에서 얼마간 휴식을 취한 후 다시 1시간쯤 비탈진 돌길을 걸어 올라 민족의 영산 백두산 정상에 다다랐다. 산 정상에서 맑은 하늘을 볼 수 있는 날이 1년에 두어 달 정도밖에 되지 않아 '3대가 정성을 쌓아야 볼 수 있다'는 데, 우리는 다행히 그날 맑은 하늘을 볼 수 있었다.

그리고 유황 냄새가 진동하는 환경이 생소하게만 느껴졌는데, 최근 과학자들이 주장하는 것처럼 화산 폭발이 조만간 있을지도 모른다는 생각이 문득 들기도 했다.

하산 길에 보니 멀리 산등성이를 따라 온산에 바람에 흔들리는 형형색색의 이름 모를 야생화들의 향연으로 가득했다. 너무나 황홀한 장관이다. 그리고 꼬불꼬불한 길을 따라 관광객을 실어 나르는 승합차 행렬도 이색적인 또 하나의 구경거리였다.

백두산 천지 ▲

한편, 금강산은 이미 신라 시대부터 본국은 물론 중국까지도 명성이 높았을 정도로 백두산과 함께 한반도를 대표하는 명산이다. 1990년대 말 북한은 경제 침체와 식량부족 문제해결을 위해 나진·선봉 경제특구, 개성 공업특구, 금강산 관광특구를 개방했다.

금강산의 경우 1998년 11월부터 2008년 7월까지 10여 년간 햇볕 정책의 일환으로 남한 국민에게도 개방했는데, 나는 운 좋게도 2004년 5월, 아내와 친구 임 부장 내외와 함께 육로로 관광할 수 있었다.

강원도 고성 출입국관리소에서 관광버스를 타고, 난생처음 북한 땅에 들어설 때는 감개무량했다. 비포장 산길을 지나 한참을 들어가니 낯선 풍경이 눈앞에 나타났다. 북한군을 가까이에서는 처음 보았는데, 북한군에 대한 첫인상은 경직되고 세련되지 못한 모습이었다.

1960년대 우리나라 농촌에서 보았던 새까만 나무 전봇대와 소달구지를 끌고 가는 시골 풍경은 새삼스러웠고, 멀리 보이는 불 꺼진 통천항은 심각한 북한의 경제 사정을 대변하는 것 같았다.

우리들은 바다위에 떠있는 해금강 호텔에 여장을 풀고, 셔틀버스로 온정각 휴게소에 도착하여 매끄럽고 부드러운 온천수로 온천욕도 하고 평양냉면으로 석식을 마친 후 세계 최고라고 자부하는 '평양 서커스 교예단 공연'도 관람했다.

이튿날 금강산을 등정하여 관폭정에서 바라본 구룡폭포, 상팔담과 해금강, 관동 8경 중의 하나인 삼일포 등을 관람했다.

아쉽게도 거기까지였다. 금강산 비경의 진수라는 비로봉과 내금강은 볼 수 없었다. 남북한 당국의 협정에 따라 관광코스가 외금강과 해금강에 한정되어서 어쩔 수 없었다. 이마저도 2008년에 중단되고 말았으니, 금강산을 미처 가보지 못한 분들에게는 정말 아쉬운 일이 아닐 수 없다.

구룡폭포 ▲　　　　　　상팔담 ▲

## 그 외 취미생활

어느 직장이나 보통 산악회와 기우회 동호인 모임은 거의 있다. 나는 직장생활을 하면서 사내 행사 때 개인 사정상 빠진 적이 몇 번 있었지만, 등산과 바둑 관련 행사만큼은 거의 참가했던 것 같다. 그만큼 애호하는 취미생활이었다.

나는 고등학교 때 바둑을 처음 배웠는데, 입사 초에는 아마 3급 정도의 실력이었다. 당시 거래소에는 내가 4~5점 접바둑을 두는 아마 4단 정도의 고수들이 몇분 계셔서 바둑 동호회가 상당히 활성화되어 있었다. 그런데 나는 입사 후 처음 참가한 사내 바둑대회에서 우승하여 자칭 '회사 2급'이 되었다.

그리고 은퇴 후에도 등산과 더불어 바둑은 계속 즐기다 보니 이제는 아마 1급 정도로 인터넷 넷마블에서 7단쯤 된다.

당구는 대학교 새내기 때 입문하여 군대 생활을 거치면서 약간 실력이 늘어 4구 애버리지가 200점 정도였다. 이후 계속 그 점수를 유지하다가 은퇴 후 고교 동창들과 매월 정기적 모임을 갖게 되면서 지금은 250점이 되었다.

당구장이 옛날에는 한량이나 불량배들이 모이는, 담배 연기 자욱한 극히 좋지 않은 장소라는 인식도 있었으나 지금은 상황이 전혀 다르다. 프로당구가 생기고 당구 게임을 중계하는 당구 전용 TV 채널도 있으며, 고등학생들에게도 장려하는 건전한 스포츠가 되었다. 최근에는 실버들의 스포츠로도 크게 주목받고 있다.

이외 여가 활동으로 그동안 관심이 많았던 사주 명리학을 공부했다. 퇴직 후 한국 능률협회 주관 프로그램 중 고해정 선생님으로부터 1여 년 동안 배우고 나서 '동양철학 상담 지도사' 자격증을 취득했다.

귀향 후에는 진도 문화센터에서 박진열 선생님으로부터는 풍수지리를, 명창 박종숙 선생님으로부터는 남도 민요를 배웠다.

서예에도 관심이 많아서 회사 재직 시절에는 거래소 전무를 역임하셨던 원정 배종승 선생님께 배웠는데 중도에 그만둔 적이 있었다. 그 후 귀향하여 중학교 동창인 만강 이홍열 선생에게 해서체와 예서체를 배우고, 초아 황삼순 선생님에게서는 한글 서예를 배웠으나 아직도 미숙하기가 그지없다.

## 2. 문화 탐방

**주酒의 찬미**

　사랑하는 아내와 그동안 희로애락을 함께하면서 서로 부딪히더라도 웬만한 것은 다 그러려니 하고 넘어가는 편이었는데, 그렇지 못한 것이 딱 하나 있었으니, 그것은 '원수 놈의 술'이다. 아내는 지금도 늘 "여보, 술 좀 그만 마셔요!"라는 말을 유행가 가사처럼 입에 달고 산다.
　그러고 보니 내가 어지간히 술을 좋아하고 즐기는 것은 사실인가 보다. 돌이켜 보면 일찍부터 나의 주위 환경이 나를 술과 더욱가깝게 하도록 만들었는지도 모르겠다.

　우리들이 어릴 적에는 어른들도 술에 대해서만은 상당히 관대한 편이었고, 나의 양친 모두 술을 즐겨 하셔서 우리 집에는 늘 아침부터 동네 술꾼들로 북적거렸고, 만선의 고깃배가 입항하는 날이면 온 동내에 어김없이 술판이 벌어지곤 했었다.

또한, 초등학교 시절 논밭에서 일하시는 어른들께 새참으로 막걸리 심부름을 할 때면, 배달 도중 술 주전자 꼭지를 슬쩍슬쩍 빨아 먹어 보았었던 기억이 난다. 청년 시절에도 친구들과 만나면 늘 술을 가까이 했고, 친구 집에 놀러라도 가게 되면 어머님들은 자연스럽게 집에 담가 두었던 막걸리를 우리에게 흔쾌히 내놓으셨다.

그리고 직장에서도 자유스러운 사내 분위기로 인해 선후배와 동료들 간에 친목 도모 술자리가 어지간히 많았었다.

통계에 의하면 우리나라 국민 1인당 술 소비량은 러시아 다음으로 세계 2위라고 한다. 그러나 애주가를 자처하는 사람들도 과연 술에 관하여 얼마나 알고 있을까? 그래서 나는 이번 기회에 여러 문헌을 참고하여 술에 관한 기본 상식을 정리해 보기로 했다.

고교 1학년 때 담임이셨던 시인 권일송 국어 선생님의 시집『이 땅은 나를 술 마시게 한다』는 지금까지도 나의 책장에 꽂혀 있다.

술에 관한 명저로는 고려 중엽 문인 임춘의『국순전麴醇傳』과 이규보의『국선생전麴先生傳』이 있고, 현대에 들어서는 수주 변영로의『명정酩酊 40년』과 무애 양주동의『문주반생기文酒半生記』, 동탁 조지훈의『동문서답』등이 있다. 특히 조지훈의『사랑과 지조』등에서 언급하고 있는 주도유단酒道有段은 나의 젊은 시절 술자리 담론의 단골 메뉴였다.

이를 간단히 설명하자면 주도酒道를 18단계로 분류하는데, 1단계는 부주不酒라 하여 술을 안 마시는 사람으로부터 시작해서 9단계는 학주학주酒學酒, 酒卒로 그때야 술의 참맛을 배우는 사람, 11단계는 기주嗜酒, 酒客로 술의 진미에 반한 사람, 14단계는 장주長酒, 酒仙로 신선의 경지에 이른 사람을 말한다. 이렇게 나가다가 17단계는 관주觀酒, 酒宗로 술을 더 이상 마실 수 없는 사람, 최종 18단계는 폐주廢酒 또는 열반주涅槃酒로 술로 말미암아 저세상으로 떠난 사람이라고 하였다.

각 단계마다 자세히도 설명해 놓았는데, 적어도 9단계學酒는 되어야 비로소 주졸酒卒이라는 초급으로 인정하고, 14단계를 넘어서면 주선酒仙, 주현酒賢, 주성酒聖 등 온갖 극존칭을 다 받아 인간의 경지를 넘어서게 된다.

그럼 '술'은 언제부터 생겨났을까? 여러 가지 설이 있으나 대체로 인간에게 '인류'라는 이름이 붙여진 때부터 생겼다고 하는 것이 가장 타당성이 있어 보인다.

그리스 신화에 의하면 디오니소스가 술의 시조라고 하며, 로마 신화에서는 바쿠스(Bacchus)가 시조라고 한다. 중국에서는 하夏나라 황제의 딸 의적儀狄을 시조로 기원전 2,000년경에 술이 존재했고, 인도 신화에서는 소마신이 감로주를 처음 빚었다고 전해지며, 일본은 신라와 백제로부터 술 빚는 법을 배웠다고 한다.

그리고 우리나라에는 일반적으로 고려 충렬왕 때 아라비아의 증류 기술이 원나라를 통하여 전해졌다고 알려져 있다.

기원전 3,500년 전에 인류가 최초로 만든 술은 와인과 같은 발효주였다고 전해지고 있으며, 와인 만드는 법은 기원전 3,000년경 페니키아인들에 의하여 그리스, 로마, 프랑스 등 지중해 연안 각지로 전파되었다.

술의 종류로는 우리나라에는 소주, 청주, 인삼주, 고량주, 매실주, 오가피주, 전통주(진도홍주, 안동소주, 한산소곡주, 막걸리 외) 등이 있고, 서양에서는 위스키, 브랜디, 진, 럼, 보드카, 데킬라, 아쿠아비트, 리큐어, 맥주, 와인, 샴페인, 칵테일 등이 있다.

세계 5대 증류주로 위스키, 브랜디, 진, 럼, 보드카를 들고 있으며, 이 중 위스키는 이집트에서 발생하여 스코틀랜드를 거쳐 세계적으로 확산하였고, 브랜디는 프랑스 코냑 지방산을 최고로 친다.

포도를 원료로 하는 술의 명칭을 미국은 와인(wine), 독일은 바인(wein), 프랑스는 벵(vin), 이탈리아는 비노(vino), 우리나라는 포도주라 부르며, 5C 말부터 현재까지 프랑스의 보르도, 부르고뉴, 르와르, 알자스, 샹파뉴와 독일의 라인, 모젤 등이 유명한 와인 산지로 알려져 있다.[01]

역사적으로 동서양을 막론하고 술을 예찬한 사람들은 많았다. 그러나 동양에서는 예로부터 술의 폐해를 알고 엄격한 예의를 중시하였으며, 술을 대접받는다는 것은 인격적으로 존경받음을 의미하기도 하여 육례[02] 시에는 꼭 술이 등장하였다.

또한, 전통적으로 우리나라에서는 어른 앞에서의 술과 담배는 대체로 금기시되었으나, 술만큼은 어른이 허락한다면 마셔도 되는 예외가 인정되었고, 이때 어린 사람은 반드시 얼굴을 좌측으로 돌려서 마시고, 양반사회에서는 벼슬 순서대로, 그리고 일반사회에서는 연장자순으로

---

01 박상우, 술병에 별이 떨어진다. 미학사, 1993
   이원복, 와인의 세계 세계의 와인. 김영사, 2007
02 육례 (六禮); 유교 사회에서 행하는 여섯 가지 큰 의식, 관, 혼, 상, 제, 상견례, 향음주례를 이른다

술 마시는 순서를 지켜야 했다.

나는 젊은 시절부터 지금까지 술자리를 갖게 되면 항상 나 나름의 원칙을 지키려고 노력하였다. 그것은 '술 잘 마신다고 자랑하지 않으며, 나의 주량에 맞게 먹고, 술 주정하지 않고, 상대방에게 강권하지 않고, 타인의 험담을 하지 않고, 될 수 있는 한 상대의 이야기를 들어 주고, 귀가 시간은 자정을 넘기지 않는다'는 것이다. 그래서인지 지금까지 술 주정과 오버이트(overeat, vomiting)를 해 본 기억이 거의 없고, 평소 지인들로부터 '술 매너가 좋다. 괜찮은 사람이다.' 라는 말을 듣는다고 생각한다. (이 점만은 아내가 꼭 알아줬으면 좋겠다)

### 음악 산책

2020년 초, 중국 우한에서 시작된 전염병 '코로나19' 펜데믹으로 세계 각국이 홍역을 치르고 있을 때 국내에서도 외출은 가급적 삼가하고 개인적 마스크 착용이 의무화하던 시기였는데, 해외에서는 K-팝이 유행하여 아이돌 그룹 방탄소년단(BTS)과 블랙핑크가 한창 인기 절정이었고, 국내 여러 TV에서는 때마침 트로트 경연대회가 큰 인기를 누리며 돌풍을 일으키기도 했다.

그때 'TV조선'의 '제1회 트로트 경연 대회' 우승자는 진도 출신 송가인이었다.

세상에는 음악이 있어서 참 좋은 것 같다. 나 역시 우리 시대의 여느 친구들과 마찬가지로 장르 구분 없이 트로트는 물론 포크송, 민속민요, 판소리와 고교 시절 애청했던 팝송, 샹송, 재즈, 칸초네, 안데스 음악 등을 무척 좋아한다. 그리고 거기에서 한 걸음 더 나아가 아내와 함께하며 클래식 음악과 오페라, 뮤지컬, 연극, 영화 감상 등에 많은 시간과 노력을 투자했다.

나는 직장에 다니던 초년 시절부터 아내의 요청으로 정명훈, 백건우, 조수미 공연은 물론 최근에 주목받고 있는 젊은 피아니스트들인 조성진, 임동혁, 김선욱, 선우예권, 임윤찬, 손열음, 윤아인 등의 연주회를 보러 예술의 전당, 세종 문화회관, 롯데 콘서트홀 등 여기저기 쫓아다녔다.

특히 고향에서 살 때에는 조성진의 피아노 독주회를 따라 통영, 여수 등 지방 여러 도시의 공연장을 여러 번 찾아가기도 했고, 얼마 전에는 세계적 피아니스트 루돌프 부흐빈더의 피아노 연주회에서 주옥같은 슈베르트 곡을 감상하기도 했다. 그리고 평소 집에서는 프리드리히 굴다와 크리스티안 짐 머만의 피아노 연주곡을 즐겨 듣는 편이다.

또한, 트로트 대중가요도 남진, 나훈아, 조용필, 조영남, 이미자, 패티 킴 등의 디너쇼 공연과 동숭동 소극장에서의 연극, 예술의 전당 등에서의 맘마미아, 레베카 등 뮤지컬과 카르멘, 마술피리 등 오페라도 열심히 찾아다니며 관람했었다.

다양한 장르의 음악을 즐기는 나와는 달리 아내는 유독 클래식 음악과 재즈, 안데스 음악을 좋아한다. 아내는 일찍이 학창 시절부터 이태리 도니체티의 오페라 '사랑의 묘약' 중 주인공 네모리노가 부른 아리아 '남몰래 흐르는 눈물'을 듣고 감동받았고, 푸치니의 '라 보엠'과 '나비 부인', 그리고 4계절의 변화를 표현한 비발디의 '사계 (The four seasons)'를 감상하면서 클래식에 눈을 뜨게 되었다고 한다.

그래서 클래식 음악에 대하여 좀 더 알기 위해 문헌을 살펴보니, 여러 장르의 음악 중 클래식(Classic)이란 고대 로마의 계급을 가리킨 라틴어에서 비롯된 말로 '잘 정돈되고 품위 있는, 영구적이며 모범적'이라는 뜻이 있다고 한다.

조성진 클래식 연주회 ▲

이러한 클래식 음악은 18세기 중엽부터 19세기 초까지 100년 남짓 유럽에서 유행한 여러 예술 분야 중의 한 장르였으나, 오늘날에는 더 넓은 범위 즉, 17C~19C 말까지의 지칭하는 음악이 되었고, 이 시기에 우리에게 너무나 익숙한 슈베르트, 모차르트, 베토벤, 쇼팽, 하이든, 리스트, 브람스, 차이코프스키 등 많은 천재 음악가가 나타나 서양 음악이 비약적인 발전을 이루었다.

그러므로 클래식은 과거 한 시대를 대표하는 음악이지만 당대 한 계층만의 음악이 아니고 오늘날까지도 세계의 애호가들로부터 사랑받고 있는 음악의 한 장르라고 하겠다.

세상에는 다양한 종류의 음악이 있고 각기 나름의 장점이 있겠으나 클래식을 들으면 바쁜 일상을 잠시 벗어나 푸른 숲에서 맑은 공기를 마시는 것과 같은 느낌이 든다.

이러한 클래식 음악 중에서도 내가 특히 좋아하는 곡으로 피아노 협주곡(Concerto)으로는 라흐마니노프 No.2, No.3, 모차르트 No.21, 브람스 No.1, 쇼팽 No.1, No.2 가 있고, 교향곡으로는 베토벤 No.5, 멘델스존, 비발디, 드보르자크 등이 있으며, 소나타로는 슈베르트 No.20, No.21 등이 있다.

그러나 클래식 음악은 우리에게 널리 알려진 대중가요처럼 대중화된 음악은 아니다. 그래서 클래식 음악이 현대인들에게 어렵게 느껴지는 것은 접할 기회가 많지 않은 유럽의 고전음악이기 때문이라고 생각된다.

이에 비해 현대 대중가요나 팝송 등 우리가 현재 살고 있는 이 시대에 만들어진 음악은 현대인들의 취향에 맞추었기 때문에 그만큼 가깝게 느껴진다. 그래서 혹시 '클래식은 고급 음악이고 대중음악은 수준이 낮다'든지 '클래식을 좋아하면 교양이 있다'라고 생각한다면 그것은 잘못된 편견임을 알아야 할 것이다.

그러므로 음악 애호가들은 클래식, 트로트, 국악, 팝송 등 장르가 다른 음악에 대해 우열을 논하기보다는 각 음악의 개성과 가치를 올바르게 이해하고 즐기려는 태도가 무엇보다도 중요하고 바람직하다고 하겠다.[03]

03  금난새, 클래식 여행. 아트북스, 2012

한편, 예로부터 '예불여 진도藝不如 珍島'요, '진도에 가면 노래 좀 한다고 자랑하지 말라'는 이야기가 있다. 시서화창詩書畵唱의 고장 진도 사람들은 누구라도 한가락을 뽑을 줄 안다는 말이다. 그리하여 진도군은 국내 최초로 '민속문화 예술 특구'로 지정된 예도(藝都; 민속문화예술 수도)이기도 하다.

나도 진도에 귀향해서 살던 시기에 남도 민요를 배울 기회가 있었다. 그중 내가 가장 좋아하는 곡인 〈사철가〉와 〈흥타령〉은 언제 들어도 항상 나의 심금을 울리기에 충분하다.

〈사철가〉

이산 저산 꽃이 피니 분명코 봄이로구나
봄은 찾아 왔건마는 세상사 쓸쓸허드라
나도 어제 청춘일러니 오난 백발 한심허구나
내 청춘도 날 버리고 속절없이 가버렸으니
왔다 갈 줄 아는 봄을 반겨 헌들 쓸데가 있나 (후략)

〈흥타령〉

( 아이고~ 대고~ 허허~ 성화가 났네~ 헤~)
꿈이로다 꿈이로다 모두가 다 꿈이로다
너도 나도 꿈 속이요 이것 저것이 꿈이로다
꿈 깨이니 또 꿈이요 깨인 꿈도 꿈이로다
꿈에 나서 꿈에 살고 꿈에 죽어 가는 인생
부질없다 깨려거든 꿈은 꾸어서 무었을 헐거나 (후략)

**미술 감상**

얼마 전 서울 리움미술관에서 전시한 '이건희 컬렉션'과 용인 호암미술관에서 전시한 '김환기 회고전'을 관람한 적이 있다.

리움에서는 고 이건희 삼성그룹 회장님이 생전에 수집한 미술품 중 나혜석, 김은호, 김환기, 김기창, 김흥수, 박수근, 이중섭, 이응로, 장욱진, 천경자 화백 등 이 시대 국내 최고 거장들의 국보급 그림을 한곳에서 관람할 수 있었다.

나는 그동안 직장생활을 하면서 해외 출장의 기회도 많았었는데, 미국, 일본 등을 비롯하여 유럽 여러 나라를 다녀보면 가는 곳마다 미술관이나 박물관은 필수 관광코스다.

미국의 메트로폴리탄 미술관, 스미소니언 박물관이나 유럽 3대 박물관인 영국의 대영박물관, 바티칸시국 박물관, 프랑스의 루브르박물관, 그리고 일본 솜포(Sompo) 미술관을 가보았다. 당연히 그곳의 예술 작품을 감상하면서 해설자에게서 이런저런 갖가지 작품에 얽힌 사연도 듣게 된다. 학생 때 미술책에서 본 명화의 실물을 명쾌한 해설과 함께 직관한 셈이다.

미술 관람 얘기를 하다 보니, 특히 노르웨이 표현주의 화가 에드바르트 뭉크의 〈절규〉라는 그림 앞에서 필설로 표현할 수 없는 마음의 전율을 느꼈던 기억이 생생하다.

뭉크는 어린 시절부터 평생 그를 짓누르는 가혹한 운명과 마주해야 했는데, 어머니와 누나가 결핵으로 사망하고 아버지와 여동생마저 우울증으로 세상을 떠났다. 이러한 그에게 직면한 죽음에 대한 공포, 절망, 슬픔이 〈절규〉, 〈병든 아이〉, 〈흡혈귀〉, 〈불안〉 등 그의 여러 작품에서 잘 나타나고 있다. 아이러니하게도 그의 비극이 그를 세계적인 화가로 만든 것이다.

노르웨이에 뭉크가 있다면 내 고향 진도에는 나와 오랜 인연을 맺고 있는 청파 허재聽波 許在 화백이 있다. 진도의 운림산방으로 대표되는 19세기 한국 남종화의 대가 소치 허련許鍊 화백의 5대에 걸친 허씨 문중과 허련의 아들 허형許瀅에게 묵화를 익혔다는 무등산의 의제 허백련 화백 등 허씨 가문의 화맥은 동양화가 주종을 이룬다.

그런데 청파 허재 화백은 특이하게도 서양화를 통하여 인생의 희로애락을 표현했다. 더구나 정통적인 전문 화가도 아니고, 공무원으로 근무하면서 계속하여 그림을 그려와 초기에는 미술 매니아에 더 가까웠다고 할 수 있다.

허 화백은 일찍이 중학교 신입생 때 교내 사생대회에서 '대상'을 수상하여 그 재능을 인정받았다. 그때 어린 나이였지만 그 자신도 허 씨 자손으로서 예술의 DNA가 흐르고 있음을 알았다고 한다. 이후, 의제 허백련 화백의 화실로부터 "문하생으로 들어와 본격적으로 그림 수업을 하지 않겠느냐?"는 제안을 받은 적도 있었으나 집안의 생계를 책임져야 하는 현실적인 문제로 받아들일 수는 없었고, 군청 공무원으로 사회에 진출하게 된다.

그는 20여 년의 공직 생활과 퇴직 후 개인 사업을 하던 중에도 그림에 대한 꿈을 접지 못하고 틈틈이 시간을 내어 작품 활동을 계속해왔다. 그리하여 2014년 대한민국 현대미술대전에서 서양화 유화 구상

부문에서 '우수상'을 받았고, 이후 수차례에 걸쳐 특선과 입선을 하면서 마침내 추천 작가가 되었다.

허 화백의 그림에는 가식이 없다. 있는 그대로 사실화를 그린다. 그의 작품의 대 주제는 '인간의 꿈'이다. 자고로 인간이란 죽지 않고 영원히 살고 싶어 하지만 결국 죽을 수밖에 없는 숙명적인 존재다. 죽지 않고 영원히 산다는 것은 완전한 인간을 의미한다.

인간의 무의식 맨 아래에는 소위 '자아 이상 (Ego Ideal)'이 자리 잡고 있는데, 이것이 바로 죽지 않고 영원히 사는 완전으로의 회귀를 갈망하고 있다고 한다.

그러나 '영생은 인간이 이룰 수 없는 꿈'이라는 것 또한 불변의 진리이다. 그래서 인간은 종교를 통하거나 자손 번식 또는 자신과 우주 만물과의 합일을 통해 물아일체로서 자신이 영원히 존재하는 영생이라는 꿈을 이루고자 한다는 것이다.

그래서 허 화백은 한 폭의 화폭에 '영생'을 갈구하는 인간의 꿈을 종교나 자손 번식, 그리고 자연과의 일치를 통해 완성해 보려고 했고, 우주의 삼라만상을 다 받아들여 그의 사상이라는 고뇌의 용광로에 집어넣고 융합시켜 이를 입체적으로 표현했다.

입체적이란 정적인 것 같으면서도 동적이고, 혁명적인 것 같으면서도 진화적이며, 서양화이면서도 동양화 같기도 하고, 자연 합일을 강조하는 남종화 같으면서도 민화적인 요소와 채색을 강조하는 북종화 같기도 한 복합적이라는 의미이다.

허 화백은 그림이라는 예술을 통해 갈등과 분열을 넘어서 통합과 평화를 갈망하는 조화로운 인간 영생의 꿈을 입체적으로 표현하려고 애써 온 화가다.

그러므로 강호의 미술 애호가들이 청파의 작품을 감상하면서 마음의 평화를 얻고 예술 감상의 기쁨을 만끽할 수 있다면, 허 화백을 곁에서 지켜봐 온 후배로서 더 이상 바랄 것이 없겠다.

청파 허재, 여명의 숨결-지리산 ▲

# 3. 에움길 단상

## 가시나무 새

『가시나무 새(The Thorn Birds)』는 오스트레일리아 여류작가 콜린 매컬로의 소설로 20여 개국 언어로 번역된 베스트 셀러인데, 1983년 이를 원작으로 미국 ABC 방송국에서 드라마를 제작·방송하여 크게 히트했다. 그후 1988년 우리나라 KBS에서도 방영하여 큰 인기를 끌었고, 나는 무척 감명받고 책으로도 읽어 보았다.

『가시나무 새』는 평생을 독신으로 살아가야 하는 가톨릭 사제 랠프와 그를 사랑하는 여주인공 매기의 이룰 수 없는 사랑을 그린 소설이다. 어릴 적부터 보아 온 신부님으로 인해 사랑에 눈을 뜨게 되고 그 사랑을 키워 온 가련한 주인공이 자신의 사랑을 빼앗아 간 '하나님에 대한 원망'으로 얽혀있는 가슴 아픈 스토리다.

가시나무 새는 일생에 단 한 번 이 세상의 어떤 소리보다도 아름답고 구슬프게 운다는 전설 속의 새이다. 이 새는 둥지를 떠나 하늘을 나는 순간부터 가시나무를 찾아 헤매고 그것을 찾을 때까지 절대 쉬지 않는다.

그러다가 가시나무를 발견하면 여지없이 길고 날카로운 가시로 자신의 몸을 찌르고 피를 흘리며 죽어가면서도 아픔의 고통을 초월하여 노래한다. 그래야만 세상을 움직이고 사랑을 쟁취하게 되는 가장 아름다운 노랫소리를 낼 수 있기 때문이다.

사랑의 환희가 너무 크기 때문에 가시나무 새는 가시에 찔린 순간에도 죽음을 인식하지 못하고, 생명이 다하는 순간까지 노래 부른다. 사랑을 얻기 위해 부른 그 노랫소리가 얼마나 아름다운지 온 세상 만물이 숨을 죽이고 귀 기울이고, 마침내 천상까지도 감동케 한다니 사랑의 힘으로만 얻을 수 있는 위대함이다.

이와 같은 전설 속의 가시나무 새는 '가장 위대하고 고귀한 것은 처절한 고통을 치러 낸 자만이 얻을 수 있다'는 교훈을 우리에게 주고 있는지도 모른다. 우리 인간도 이 땅에 살아가면서 가장 진정성 있고 아름다운 삶의 노래를 부를 때 그 삶의 존재가치가 더욱 빛난다.

그러므로 참된 인간이란 껍데기에 불과한 육신의 만족이 아니라 영혼의 만족이 진정한 삶의 보람임을 알고 살아가는 사람들이 아닐까?

우리는 과연 끝없는 사색과 고뇌를 통해서 '우리 인간은 어디서 왔다가 어디로 가며, 이 땅에 무엇 때문에 왔는가?' 하는 문제에 대한 해답을 얻을 수 있을까?

그리하여 우리는 우리의 폐부를 찌르는 가시가 무엇이든 그 찔림 때문에 절망하지 아니하고, 인간으로서 살아가는 목적에 부합하는 최고 수준의 노랫소리를 낼 수 있을까? 이는 평범한 보통 사람들이 도달하기에는 너무 어려운 명제가 아닌가 생각하게 된다.

그러므로 험난한 이 세상을 살아가면서 '자신을 찔러오는 가시가 주는 그 고통을 어떻게 해야 하는지, 어떤 노래를 불러야 하는지'를 끊임없이 가시나무 새에게 물어봐야 할 것 같다.
가시나무 새가 세속에 물들어 사는 나에게도 영혼을 울리는 노래를 불러주는 것만 같다.

전설 속의 가시나무 새 ▲

## 희박한 공기 속으로

1996년 5월, 에베레스트 산 정상을 향해 여러 팀으로 구성된 산악인들이 이른 새벽 지휘관의 돌격 명령이 떨어진 것처럼 일제히 제4 캠프를 출발하여 정상을 향해 나아간다. 마침내 대원들은 정상 등정에 성공했다.

그러나 많은 사람이 한꺼번에 정상을 공격하게 되어 능선을 오를 때 기다림이 길어지고, 또 하산팀과 등반팀이 겹치면서 많은 시간을 지체할 수밖에 없었는데, 이렇게 하산이 늦어지는 사이 화창했던 날씨가 갑자기 변하여 엄청난 눈 폭풍이 몰아치기 시작했다. 대원들은 황급히 하산을 서둘렀으나 캠프까지 불과 수백 미터를 남겨두고 일부 대원들이 한밤중 눈보라 속에 고립되었다.

그리고 불행히도 고립된 이들 중 12명이 목숨을 잃는 비극적인 사고가 발생하고 말았다.

『희박한 공기 속으로(Into Thin Air)』의 저자 존 클라우카우 잡지사 기자는 당시 등반대 일원으로 동행 밀착 취재하며 대원들이 삶과 죽음의 경계를 넘나들며 벌인 처절한 사투의 과정에서 자신이 직접 보고 겪은 체험과 생존자들의 인터뷰를 더 하여 대자연의 위력 앞에 인간이 얼마나 무력하고 미미한 존재인지를 진솔하고 생생하게 기술하고 있다.

그날 등반대원들은 눈 폭풍이 몰아치거나 날이 어두워지면 힘든 상황이 벌어질지도 모른다는 예측은 하고 있었으나, 등반 경험이 많은 대원들이 설마 죽을 위험이 닥치리라고는 생각하기 싫었다.

더욱이 정상을 앞에 두고는 날씨도 좋아 대원 중 누구도 도중에 목표를 포기하거나 변경할 생각이 없었던 것은 당연했고, 날씨가 좀 문제가 있더라도 에베레스트 정상 바로 앞까지 와서 돌아선다는 것은 쉽지 않은 결단이다.

그동안 공들인 엄청난 수고와 시간과 비용도 그렇지만 무엇보다도 또다시 이런 도전의 기회가 언제 올지도 모르고 아예 안 올지도 모른다는 생각에 이르게 되면 무리해서라도 정상 정복을 시도할 수밖에 없었다.

에베레스트 산 ▲

나는 이 책을 읽으면서 여러 생각을 해보았다. 가장 먼저 떠오르는 것은 '숙명'이라는 단어다. 세상을 살아가다가 보면 어떤 큰일을 만나게 되고, 그것이 좋은 일이든 나쁜 일이든 간에 인간의 힘으로서는 어찌해 볼 도리가 없다는 것이다.

그리고 뒤이어서 '그래도 대원들 대부분이 베테랑이니까 정상을 눈앞에 둔 흥분을 가라앉히고 날씨의 변화와 주변을 좀 더 세밀히 관찰했더라면 정상 정복을 뒤로 미루지 않았을까'라는 생각이 떠올랐다. 아니 정상 정복까지는 받아들이더라도 그렇게 오래 지체하지 말고 서둘러 하산했더라면 큰 화는 당하지 않았을 거라는 생각이 드는 것이다.

이 사건은 두 가지 관점에서 바라볼 수가 있다. 여러 상황을 고려할 때 그들의 죽음은 어쩔 수 없는 불가항력의 사건이었다고 볼 수도 있고, 정상 정복 시도는 그렇다 하더라도 정상에서 지나치게 오래 지체한 그들은 결론적으로 정상을 향해 간 것이 아니라 사실은 죽음을 향해 간 것이라고 볼 수도 있다.

　나는 12명의 죽음이라는 비극적 사태를 놓고 뭐라 단정하여 말하기가 어려워 더 이상의 언급은 피하고 싶다.
　다만, 이 책과 연관 지어 오늘날 우리나라의 실정을 우리 세대의 성장 과정과 비교해서 생각해 보고자 한다.
　우리들 세대는 참으로 변화무쌍한 이 세상을 살았다. 보통 사람들이 대부분 하루 세 끼를 다 먹지 못하는 어린 시절이 있었고, 요즈음 흔해 빠진 핸드폰 없는 세상을 어떻게 살았는지 모르겠지만 그런 세상도 살았다. 학창 시절 웬만한 거리는 걸어서 학교에 다니는 것이 기본이었는데, 언제부턴가 보통 사람들에게도 자가용은 필수품이 되었고, 해외여행은 일상이 되었다.
　그런가 했더니 요즈음은 결혼을 안 한 젊은이가 너무 많고, 결혼은 해도 아이를 낳지 않으려는 세상이 되었다. 그뿐만 아니라 노령인구가 세계에서 유래를 찾아볼 수 없을 만큼 급속도로 늘어나고 있다.

　어려서부터 성적순, 어떻게든 좋은 대학 나와서 좋은 직장에 취직하고, 승진도 남보다 먼저 해야 한다. 아파트도 최소한 국민 평수는 되어야 한다. 옆집 아이는 이번에 반장이 되었다 하더라. 사업하는 사람과 정치하는 사람은 반드시 경쟁자를 이기지 않으면 안 된다. 그렇지 않으면 내가 살아남기 힘들기 때문이다.
　내가 성공하고 부자가 되기 위해서 가능한 모든 수단을 다 동원하여 정상에 올라야 한다. 정상에 오르는 길이 죽음에 이르는 길이라고 설득해도 아랑곳하지 않는다. 누가 이런 세상을 살아가도록 만들었는지 몰라도 이것이 우리가 현재 살고 있는 세상이 아닌가 한다.

이렇게 세상을 살다 보니 온갖 군상의 인간이 생겨났다. 성공한 사람들과 실패한 사람, 금수저가 흙수저 된 사람, 반대로 흙수저가 금수저 된 사람, 아예 수저를 가지지 못한 사람, 모두가 약육강식의 전쟁터에서 목숨을 걸고 싸우다 피투성이가 되어 승자도 없고 패자도 없이 황량한 벌판에 지친 모습으로 서 있는 것은 아닐까?

내가 지금까지 살아온 세상은 "우리도 한번 잘살아 보세"를 외치며 앞만 보고 달려가는 그런 시대였다. 한참을 달리고 있는데 "이젠 점심 굶는 사람은 없지?"라고 누가 물었다. "당연하다"고 고개를 끄떡이며 또 계속 달렸는데, 언제부턴가 우리나라가 세계적 경제 대국이 되어 있었다.

그래서 '뿌듯해해야 하나 어쩌나' 하다 보니 내가 금세 황혼에 와 있다. '참 세월이 많이도 흘렀다'고 감회에 젖으려고 하는데, 현실은 그럴 감상에 젖어만 있을 형편이 아니다. 신혼부부가 자녀를 갖지 않으려 하면서 이구동성으로 하는 말들이 우리를 더욱 당황스럽게 만든다.

"너희들은 태어나면서부터 비교당하고, 1등 하나를 만들기 위해 99명을 좌절과 굴욕으로 몰아넣는 이 세상에 나오지 말거라. 살기 위해서 죽어라 하고 뛰어야 하고, 행복을 찾으려고 기약 없이 불행 속을 헤매야 하는 이 세상에 나오지 않은 편이 훨씬 났다"고 외친다.

나는 사실 이 글에서 희박한 공기 속의 산악인들의 죽음을 통하여 '정상에 오른 사람들의 오만을 경계하고 때맞춰 스스로 내려올 줄도 알아야 한다'는 교훈 같은 것을 말하고 싶었다.

그러나 내가 살아온 세상을 되돌아보니 다른 방향으로 이야기가 전개되고 말았다. 그래서 뭘 어떻게 해야 할지 모르겠다.

그냥 비극적으로 세상을 떠난 산악인들의 명복을 빌 뿐이다.

### 꿈을 잃어버린 사회

꿈을 잃어버린 사회일수록 그 구성원들에게 희망을 줄 수 있는 영웅의 출현이 절실하다.

1997년 말, 그동안 동남아 지역 국가들을 중심으로 발생했던 외환 유동성 위기가 우리나라에도 닥쳐 와 은행 등 금융업은 물론 대기업, 중소기업, 개인기업 가릴 것 없이 줄줄이 도산했다. 원/달러 환율은 700원대에서 1,900원대까지 치솟았으며, 국가 외환 총보유액이 39억 달러까지 급감하는 지경이 되어, IMF(국제 통화기금)에 구제 금융을 요청하는 사태에까지 이르게 되었다.

수많은 사람들이 삶의 터전을 떠나야만 했던 꿈을 잃어버린 사회가 되어 버린 것이다. 당시가 김영삼 정권의 말기로 김대중 대통령이 당선자 신분이었던 때였다. 그 후 위대한 우리 국민들은 자발적으로 '금 모으기 운동'에 동참하는 등 각고의 회생 노력을 기울여 약 4년 만에 슬기롭게 이를 극복해 냄으로써 전 세계를 놀라게 했었다.

그런데 그 시절 온통 우울한 뉴스만 횡행하던 때인 1998년 5월, 박세리 선수가 미국 여자 골프 (LPGA) 투어 'US 여자오픈 대회' 연장전에서 헤저드에 빠진 공을 맨발 투혼으로 쳐내었고, 마침내 우승함으로써 우리 국민들에게 큰 위안을 안겨주었다.

국내 모든 TV에서는 이 우승 장면을 시도 때도 없이 방영했다. 그리고 이 대회를 중계하던 미국 해설자는 박 선수의 양말을 신었던 발과 발목 위의 피부색이 너무 달라 '흰색보다 더 흰'이라는 기막힌 해설을 했고, 이 말이 한때 널리 인구에 회자되기도 했다.

박 선수의 우승 소식은 온 국민을 열광토록 만들었다. 꿈과 웃음을 잃어버린 온 국민이 힘들어하던 그때 우리 국민의 마음을 치료해 주는 거의 유일한 희망이었다. 국민의 눈물을 닦아주고 희망을 안겨준 영웅이 탄생한 것이다.

1998년도 LPGA 'US오픈'에서의 박세리 선수 ▲

박 선수는 경기 당시를 회생하면서 "처음에는 물에 빠져 희망이 없다고 생각하고 갔는데, 막상 가서 보니 해저드 위쪽에 있더라. 그리고 공이 잔디 위에 떠 있는 걸 보고 아직 나에게 기회가 있다고 생각했다"고 털어놨다. 또, 그녀는 우승 후 "뭐든지 하면 다 할 수 있다고 생각했고, 도전에 대한 두려움이 없어졌다"고 말했는데, 이 말 또한 그대로 우리 국민에게 던지는 희망의 메시지가 되었다.

지금은 그로부터 거의 30여 년이 지나면서 우리나라는 세계적 경제대국이 되어 1인당 GDP 4만 달러를 눈앞에 두고 있다. 그러나 고도성장의 부작용이 너무 큰 탓인지 '양극화·저출산·고령화'라는 어두운 먹

구름이 몰려오고 있다. 작금의 우리 사회가 또다시 '꿈이 없는 사회'로 되돌아가고 있는 것은 아닌지 심히 염려스러운 부분이다.

그래도 최근 들어서 우리 젊은이들에게 꿈을 갖게 하는 영웅들이 각 분야에서 계속 나타나고 있음은 그나마 천만다행이다.
IMF 사태 때 국민들에게 용기를 심어준 골프의 박세리, 최경주를 비롯하여 2002년 한일 월드컵 4강의 주역들, 그후 야구의 박찬호, 류현진, 축구의 박지성, 손흥민, 피겨의 김연아, 가요계의 BTS, 블랙핑크, 국제 피아노 콩쿠르 우승의 조성진, 임윤찬, 국제 영화제에서 최고상을 휩쓴 봉준호, 박찬욱 감독, 2024년 가을을 풍성하게 만든 노벨문학상의 한강 작가 등 가히 셀 수 없을 정도로 많은 스타들이 탄생하여 우리에게 희망을 주고, 우리나라의 앞날을 밝게 해주고 있다.

미국의 작가 리처드 바크의 『갈매기의 꿈』이라는 우화 소설이 있다. 주인공 갈매기 '조나단 리빙스턴'은 오직 먹이만을 구하기 위하여 하늘을 나는 일반 갈매기와는 달리 진정한 자유와 자아실현을 위해 고단한 비상을 꿈꾼다. 그러한 조나단의 행동은 갈매기 사회의 오랜 관습에 저항하는 것으로 여겨져 다른 갈매기들에게 따돌림을 받게 되고, 끝내 무리로부터 추방당한다.
그러나 조나단은 좌절하지 않고 흔들림 없이 꿋꿋하게 홀로 자신의 꿈에 도전하여 마침내 완전한 비행술을 터득한 후 무한한 자유를 느낄 수 있는 초현실적인 공간까지 날아올라 그의 오랜 꿈을 실현하게 된다는 내용이다.
조나단은 우리들에게 많은 것을 시사해 준다. 우리 젊은이들은 눈앞에 보이는 현실적인 일에만 매달리지 말고, 멀리 앞날을 내다보며 각자 스스로가 영웅이 되도록 저마다 마음속에 자신만의 꿈과 이상을 간직하고 혼신의 노력을 다해야 할 것이다.

그리하여 국민에게 용기와 희망을 주는 제2의 박세리, 손흥민, 임윤찬, 한강 같은 인물들이 체육계, 문화계는 물론 과학계, 경제계, 정치계 등 우리 사회의 각 분야에서 계속해서 출현하길 바란다.

그런데 이책의 원고를 마감하려고 정리중이던 작년 12월 3일, 윤석열 대통령은 느닷없이 '비상계엄령'을 발동하여 국격을 훼손함은 물론 가뜩이나 어려운 서민경제를 망가뜨리고, 국민들이 탄핵 집회에 찬반 양쪽으로 나뉘어 나라의 앞날을 심히 염려스럽게 하고 있다. 이럴때일수록 새로운 지도자가 하루속히 선출되어 계엄 이전의 정상적인 국가 기능으로 다시 회복되기를 바라는 마음 간절하다.

## 거울 속의 자화상

어느 한가한 주말 오후, 모처럼 서재에서 오래된 책들을 정리하다가 무심코 거울을 바라보니 거울 속에서 나를 응시하고 있는 또 다른 나의 모습을 보았다. 생긴 것을 보니 분명히 내가 맞다.

이마에 주름이 가득하고 얼굴에는 기름기도 없고, 몇 가락 남아 있지도 않은 머리카락을 가지런히 쓸어 올리며, 거울 안의 나를 향해 씩 한번 웃어 본다. 그러고 보니 영화배우처럼 미남은 아니지만, 선글라스에 빵모자 하나만 걸쳐 쓰면 영락없이 마음씨 좋은 중년의 신사다운 분위기가 아직은 살아있는 것 같다.

그래도 아직은 쓸 만한데 머지않아 때가 되면 모든 것을 내려놓고 자연으로 돌아가야 한다고 생각하니 갑자기 마음이 쓸쓸해진다. 아직도 하고 싶은 일이 많이 남아있고, 자식들과 손주들 사는 모습도 곁에서 지켜보려면, 언제까지 일지는 알 수 없지만, 건강만 허락한다면 오래도록 살아도 좋다고 생각해 본다.

그러나 추하게 늙으며 오래 산다는 것은 자식들에게 짐만 될 뿐이니 사는 동안만이라도 정신 줄 놓지 않고 살았으면 하는 것이 바람이다.

수년 전에 죽음에 관한 이해와 대비를 위해 가톨릭 피정 중 '죽음 체험'을 했다는 한 친구한테 들은 얘기가 갑자기 생각난다.

체험 프로그램 참가자들이 순서대로 직접 관속에 들어가 누워 있고, 밖에서 관 뚜껑을 닫고 못 질을 할 때, 쾅쾅 내리쳐 대는 망치 소리는 검은 망토를 걸쳐 입은 저승사자가 후려치는 천둥소리 같았고, 이윽고 한 줄기 빛마저 완전히 차단된 어둠 속에서 심장이 멎을 것 같은 공포감을 느꼈다고 한다.

거울 앞에 서서 나 자신의 모습을 바라보고 있는 순간, 친구가 들려주었던 그 이야기가 떠오르자 갑자기 죽음 앞에 놓여있는 내 모습이 겹쳐오며 마음이 숙연해진다. 언젠가는 나에게도 그런 죽음이 닥칠 텐데, 그래도 죽은 후에는 아무리 번개가 치고 천둥소리가 나도 공포나 고통을 느끼지 않아도 될 터이니 그나마 다행이란 생각이 들기도 한다.

그때 순간적으로 내가 살아왔던 지난 70여 년의 세월이 파노라마처럼 스쳐 지나간다. 그리고 내가 이 세상에 남겨두고 가기엔 가장 아까운 사랑하는 처자식들과 손주들의 얼굴이 나의 발목을 잡고 놓지 않더니, 갑자기 돌아가신 어머니의 모습이 눈앞에 펼쳐진다.

나는 울컥하면서 "어머니~"하고 목멘 소리로 불러 보며, 나도 모르게 이 세상 모든 버거운 짐 다 내려놓고 갑자기 어머니의 품 안으로 다시 돌아가고 싶어진다. 어머니의 품속 거기에는 두려움도 고통도 없고, 염려도 아쉬움도 미련도 없이 오직 평안과 안락만이 있지 않을까?

죽음 이후 나의 삶에는 무엇이 기다리고 있을까? 정말 또 다른 영혼의 세계가 있을까? 있다면 거기에서 나는 어떤 형태로 존재할까? 존재한다면 그 존재가 살아있는 나의 후손들을 알아보고 나름의 방식대로 교류하려고 할까? 사후 세계에서 서로 알아보고 만날 수 있을까? 거기에는 평안함이 있을까? 아니면 고통이 있을까? 아니면 그냥 아무것도 없는 무無 그 자체일까?

그러다가 문득 학창 시절에 외웠던 영문관용구 하나가 생각났다. '다리 앞에 가면 그때 가서 건널 생각을 하겠다.(I'll cross that bridge when I come to it)' 즉, '그 문제는 그때 가서 해결하면 되지 왜 지금부터 미리 고민하느냐'는 것이다.

도저히 답이 안 나올 때는 사서 고민하지 말고 그냥 환경에 순응하며 순리대로 사는 것도 스트레스를 받지 않고 편히 살아가는 방법의 하나다.

거울 속에 비친 나를 바라보면서 "그동안 한평생 살아오면서 고난도 많았지만 잘 참아내고 헤쳐나오느라 수고했다. 지난 세월은 아름다웠고 소중한 추억을 간직하게 해준 큰 재산이다."라고 말하며 가만히 고개를 끄덕이고 미소 지어본다.

# 4. 자작 한시

　나는 귀향 후 전남대학교 평생교육원 부설 진도문화원 문화학교에서 고산高山 김민재 선생님으로부터 '한국한시협회 진도지부' 30여 사백詞伯[01]님 들과 함께 8년 동안 주 1회 3시간씩 한시漢詩를 사사師事했다.

　일반적으로 동양 문화를 논할 때면 언제나 3천 년의 유구한 역사를 가진 한시를 빼놓고는 얘기할 수가 없고, 한시는 그야말로 동양 문화의 진수임이 틀림없다.
　무릇 세상 삼라만상에는 모두 다 보이지 않는 일정한 음률이 있다. 솔밭의 바람 소리, 흐르는 여울물 소리, 인간의 감동이나 고뇌 속에 존재하는 불가사의한 음률 등이 그 좋은 예이다.
　이것을 외적인 언어로 표현한 것이 '언즉시言卽詩' 즉, 시詩이고, 한문

---

01　사백詞伯; 시문詩文에 조예가 깊은 문사文士를 높여 부르는 말

으로 표현한 것이 한시가 아니겠는가.

이러한 한시는 기본적으로 미리 정해놓은 평측도平仄圖 또는 염簾이라고 하는 음악의 악보와 같은 규칙이 있다.

이 평측도는 12세기 중국 북송 시대에 위경지魏慶之가 이백李白과 두보杜甫 시의 공통점을 취하여 만들었다고 하는데, 동양 3국은 이 원칙을 지키는 것으로 정했다고 한다.

그러므로 이 엄격한 작시법作詩法을 따르지 않은 한시는 범칙시犯則詩가 되어 아무리 훌륭한 내용을 담고 있다 할지라도 가작佳作으로 인정받지 못한다.

그동안 진도 한시 동호회 시인詩人들은 고산 선생님의 열성적인 지도 하에 습작하면서 한시에 대해 다소나마 눈을 뜨게 되었고, 나 역시 전국 한시 백일장에 출품하여 몇 차례 수상하기도 했다.

그리하여 여기에 자작自作 한시 25수를 수록하였으니, 졸작拙作이지만 즐겁게 감상하신다면 더없는 영광이겠다.

전국 한시 백일장 광경 ▲

〈한시 목록〉

- 小癡 許鍊 遺跡 雲林山房 소치 허련 유적 운림산방
- 三別抄 裵仲孫將軍 對蒙 抗爭史 삼별초 배중손장군 대몽 항쟁사
- 穌齋 盧守愼 先生 沃州流配 行蹟 소재 노수신선생 옥주유배 행적
- 愚巖 李昇熙 先生 八旬 頌祝 우암 이승희 선생 팔순 송축
- 謹輓 盤谷 李永穆 先生 근만 반곡 이영목 선생
- 珍島 民俗文化藝術 寶庫 진도 민속문화예술 보고
- 天惠勝地 觀光 珍島 천혜승지 관광 진도
- 鳴梁大捷 명량대첩
- 歲月號 追慕 세월호 추모  • 浮上 歲月號 부상 세월호
- 登獨尖察山 등독첨찰산  • 掛山月 괘산월
- 綠陰芳草 녹음방초  • 春夜甘雨 춘야감우
- 壬辰夏至 임진하지  • 祈雨 기우
- 珍島名犬 진도명견  • 珍島靑蔥 진도청총
- 晚秋 沃州 雅會 만추 옥주 아회
- 碧波亭 復元 벽파정 복원
- 智山面 鞍峙里 지산면 안치리
- 旌善 阿里娘 정선 아리랑
- 智異山 姓三峙 지리산 성삼치
- 綠雨堂 녹우당
- 尹門 家族公園 윤문 가족공원

## 小癡 許鍊 遺跡 雲林山房
소치 허련 유적 운림산방

當到雲林騷客迎　당도운림소객영
小癡遺畫已揚名　소치유화이양명
雙溪樹木千年壽　쌍계수목천년수
尖察嵐煙萬歲盛　첨찰람연만세성
英特後孫家業燦　영특후손가업찬
俊巍弟子藝鄕榮　준외제자예향영
南宗墨跡存稀世　남종묵적존희세
應覽人人秀作評　응람인인수작평

운림산방 당도한 시인들 맞이하니
소치 선생 남긴 그림 이미 명성 드날렸네
쌍계사 상록 수목은 천년을 장수하고
첨찰산 람연은 오랜 세월 담았어라
영특한 후손들은 가업을 빛내고
우뚝한 제자들은 예향을 꽃피웠네
세상에 드문 남종화의 묵적 남아있어
작품을 보는 사람마다 수작이라 평하네

〈2015년 제2회 전국 한시 진도백일장 참방參榜 입상작〉

## 三別抄 裵仲孫將軍 對蒙 抗爭史
### 삼별초 배중손장군 대몽 항쟁사

裵公殉義昔流年　　배공순의석류년
正道衷心武德虔　　정도충심무덕건
護國精神民衆結　　호국정신민중결
抗蒙壯志土兵聯　　항몽장지토병연
戎俘血淚胸中滿　　융부혈루흉중만
匹庶傷悲切骨全　　필서상비절골전
熾烈龍藏回顧跡　　치열용장회고적
忠魂銅像史書傳　　충혼동상사서전

배장군이 순의하신지 오랜 세월 흘렀으나
장군의 바른 충심과 무덕을 공경하네
나라를 지키려는 정신으로 민중이 뭉치고
몽고군에 저항하는 장한 뜻에 토병이 연합했으니
끌려간 포로들 피눈물이 흉중에 가득하고
백성들 통탄소리 골수에 온전히 사무쳤네
치열했던 전장 용장성의 자취 회고하노니
충혼탑 동상에 역사를 새겨 전해 오네

〈2016년 제3회 전국 한시 진도백일장 참방參榜 입상작〉

## 穌齋 盧守愼先生 沃州 流配 行蹟
소재 노수신선생 옥주 유배 행적

| | |
|---|---|
| 盧公被禍謫居辰 | 노공피화적거신 |
| 珍島弊風改化人 | 진도폐풍개화인 |
| 啓導綱常仁善起 | 계도강상인선기 |
| 正明禮道世和親 | 정명예도세화친 |
| 偉功千歲傳承奉 | 위공천세전승봉 |
| 厚德萬年無窮隣 | 후덕만년무궁린 |
| 書院鳳巖追慕裡 | 서원봉암추모리 |
| 施恩行蹟日過新 | 시은행적일과신 |

소재 선생 사화를 피해 적거하실 때
진도인의 폐습을 개화시켰으며
강상을 계도하시어 인과선을 일으키고
정명한 예도로 세상이 화친하였네
위공은 오랜세월 전승되어 받들고
후덕은 만년토록 이웃과 무궁하리
봉암서원에 모시고 추모하는 속에
시은의 행적이 나날이 새롭구나

〈2017년 제4회 전국 한시 진도백일장 가작佳作 입상작〉

## 愚巖 李昇熙 先生 八旬 頌祝
우암 이승희 선생 팔순 송축

聖山尖察氣恩生　성산첨찰기은생
名阜近杯基養耕　명부근배기양경
居傘壽他顯峻德　거산수타옹준덕
匹儔慈孝一家成　필주자효일가성
遲修卓立詩英邁　지수탁립시영매
學海耆宿伏龍明　학해기숙복룡명
先輩泰偉寘博贍　선배태위치박섬
讚才垂敎裔長迎　찬재수교예장영

　甲午晩秋 耳亭尹洪基拜吟
　（갑오만추 이정윤홍기배음）


성스러운 첨찰산 정기 받아 태어나시고
유명한 굼배산 아래 터 잡아 자식 낳고 경작하니
팔십 평생 뛰어난 덕으로 타인에게 존경받으시고
남다른 부부애와 자식들 효성으로 일가를 이루셨네
늦게 배운 한시이지만 재기가 뛰어나서
숨겨진 노학자 큰 인물임을 알았네
선생의 크고 높은 학덕을 이어받아
훌륭한 가르침 후손에게 전하여 따르게 하리

## 謹輓 盤谷 李永穆 先生
근만 반곡 이영목 선생

獻春四月芍開時　헌춘사월작개시
儂謂忽單謠路離　농위홀단요로리
中帽澹容高格現　중모담용고격현
敬文俠氣萬朋隨　경문협기만붕수
酒酣邦國政經議　주감방국정경의
書畵藝鄕影響貽　서화예향영향이
哀苦渾家遺世罔　애고혼가유세망
曠年閬苑永眠詞　광년랑원영면사

　　己亥初夏節 耳亭尹洪基自呑輓
　　(기해초하절 이정윤홍기자탄만)


새봄 4월 작약꽃 필 무렵
선생님은 홀연히 홀로 먼 길을 떠나셨네
중절모에 수려한 용모는 고품격의 상징이요
경문과 호탕함은 많은 벗을 따르게 했습니다
취기에 흥겨울 때면 국가 정경을 논하였고
서화의 예향에 큰 영향 끼치셨으니
이제 그만 슬퍼하는 가족들 세상에 남겨두시고
영원토록 랑원에서 영면하소서

## 珍島 民俗文化藝術 寶庫
진도 민속문화예술 보고

沃州安穩集祥光　　옥주안온집상광
寶庫千年振藝鄕　　보고천년진예향
水墨小癡君主歡　　수묵소치군주환
詩書蘇茂碧亭藏　　시서소무벽정장
賢人配所綱常達　　현인배소강상달
窮士村家禮度昌　　궁사촌가예도창
民俗非凡文化卓　　민속비범문화탁
特區指定萬邦揚　　특구지정만방양

안온한 옥주 고을에 상서로운 빛 모여
천년의 보고로서 예향이라 명성 떨치니
소치의 수묵화는 임금을 감탄케 하고
소재와 무정의 시서는 벽파정이 간직했네
현인들은 귀양처에서 삼강 오상을 깨닫게 했고
궁구하는 선비는 시골에 예도를 창성했도다
비범한 민속 문화가 뛰어나니
예술 특구 지정으로 만방에 드날리세

## 天惠勝地 觀光 珍島
천혜승지 관광 진도

大橋索道滃宵煙　대교삭도옹소연
勝致天鄕住謫仙　승치천향주적선
寶島銀河浮海上　보도은하부해상
秘途羈旅滿沙邊　비도기려만사변
黎明宇內騷魚市　여명우내소어시
彩靄豊村笛客船　채애풍촌적객선
詩畵唱書傳發地　시화창서전발지
貴園洪福曠年連　귀원홍복광년연

진도대교 케이블카 위로 밤안개 피어오르고
빼어난 경치 천혜의 고장에 적선들이 살고 있네
보석 같은 섬들 은하수처럼 해상에 떠 있고
신비의 바닷길 나그네들 사변에 가득하구나
새벽녘 온 누리에 울리는 떠들썩한 어시장
저녁노을 물든 풍촌에는 여객선 기적 소리
시화창서 전승 발전시키는 이 땅에서
부귀낙원 큰 복 누리며 광년을 이어가리라

## 鳴梁大捷
명량대첩

倭侵蹂躪守邦宜　　왜침유린수방의
衰國風燈國命危　　쇠국풍등국명위
敵艦鳴梁洋蓋顯　　적함명량양개현
聖雄攻擊海驚時　　성웅공격해경시
砲聲山響地天動　　포성산향지천동
火焰瀛曚況不知　　화염영몽황부지
十二船之仇大破　　십이선지구대파
千年勝戰武功思　　천년승전무공사

왜침으로 유린당한 나라 마땅히 지킬진 데
힘없는 나라 풍전등화 국가 운명 위태롭구나
적 함대 명량 바다 덮을 기세로 나타나니
이순신 장군 공격 호령 바다도 놀랄지고
포성 소리 산에 울려 천지가 흔들리나
화염에 싸인 어두운 바다 전황을 알 수가 없네
열두 척 남은 배로 왜놈들 대파했으니
영원토록 전승한 충무공의 공을 생각하세

## 歲月號[02] 追慕
세월호 추모

每人遊島碧夢途　매인유도벽몽도
偶廬災殃絶氣虞　우려재앙절기우
溫照灝天悽信鳥　온조호천처신조
小漣深海遞春鳧　소련심해체춘부
無疆疾歲流流辰　무강질세유유진
至未歸還瑟瑟孤　지미귀환슬슬고
船體引揚瞻別淚　선체인양첨별루
保隣共念脫悲扶　보린공염탈비부

저마다 제주도로 푸른 꿈을 안고 떠난 길
뜻하지 않은 재앙으로 죽음 앞에 얼마나 놀랐는가
온화한 햇살 청명한 하늘에 슬피 우는 갈매기 떼
잔잔한 물결 바닷속으로 봄소식 전하는 물오리들
끝없이 무정한 세월 흐르고 흐른 이 시각까지
아직도 돌아오지 못한 쓸쓸하고 외로운 영혼들이여
선체 인양을 바라보며 흘리는 이별의 눈물
우리 모두 합심하여 이 비통함에서 벗어나세

02  세월호 참사; 2014.4.16.오전, 인천을 출발하여 제주도로 향하던 세월호가 진도군 조도면 동거차도 인근 맹골수로 해상에서 침몰한 참사. 이 사고로 수학여행 가던 안산 단원고 학생 250명을 포함하여 304명이 사망하여 엄청난 사회적 충격과 파장을 일으켰다.

## 浮上 歲月號
부상 세월호

浚眠千日寤浮船　준면천일오부선
我國尊嚴引共全　아국존엄인공전
遺族姻留乾淚搾　유족고류건루착
龍王和答鏡波淵　용왕화답경파연
蒼生大福豊居守　창생대복풍거수
鼎祚齊民慰憮宣　정조제민위무선
追塋劫憶希望易　추영겁억희망이
萬流統合後孫傳　만류통합후손전
　丁酉仲春 歲月號浮上日 耳亭吟
　(정유중춘 세월호부상일 이정음)


천일 동안의 깊은 잠에서 깨어나 부상하는 세월호
아국의 자존심도 함께 온전히 인양되었네
유족들 애타는 심정으로 마른 눈물 짜내니
용왕님도 화답하여 잔잔한 바다 고요하구나
백성의 행복이 풍요로운 삶을 영위하는 데에서 나온다면
정부는 마땅히 국민을 편하도록 은혜를 베풀지니
이제 추모 공원 조성하여 액운을 희망으로 승화시키고
만백성 통합 이루어 후손에게 전하세

**登獨尖察山**
등독첨찰산

小癡隨步涉　소치수보섭
嵌谷在茄基　감곡재가기
菲樹爲仙洞　비수위선동
登峰拭汗怡　등봉식한이
罅雲舒寂海　하운서적해
躋覽鈺島嬉　제람옥도희
曲士昇天上　곡사승천상
世驕閬苑遺　세교랑원유
　癸巳孟夏 耳亭吟)
　(계사맹하 이정음)


소치 선생 따라 길을 걷고 물을 건너니
골짜기 깊은 곳에 불사가 자리하고
무성한 숲속 신선 마을을 지나서
이윽고 산 정상에 올라 땀을 닦는 즐거움
눈앞 구름 사이로 펼쳐지는 고요한 바다
그 속에 보석 같은 섬들이 놀고 있구나
미천한 이 한 몸 천상에 오르니
일상의 교만함을 랑원에 남겨두고 싶네

# 掛山月
괘산월

竹林邊仄日　죽림변측일
盈兎皎聳山　영토교용산
廣海浮光渫　광해부광설
人靈系組間　인령계조간
昨非寢寂慮　작비침적려
漣照怳惟顔　련조황유안
夏夜描砂岸　하야묘사안
金我映淑閑　금아영적한
　壬辰仲夏 故鄕竹林海邊 於耳亭吟
　(임진중하 고향죽림해변 어이정음)


죽림(고향) 해변에 저녁 해가 기울고
산봉우리에 밝은 달이 솟아올라
넓은 바다 물결에 반사되어 출렁이니
인간과 신이 혼연일체가 되는 듯하구나
지난날 살아온 길 생각에 잠겨보며
잔잔한 물결 위에 어렴풋한 얼굴
여름밤 모래사장에 그려 보니
달빛에 비친 내 모습이 쓸쓸하고 한가롭다

## 綠陰芳草
녹음방초

暑炎滂倒井　　서염방도정
訇瀑聽爽凉　　굉폭청상량
速籔過森木　　속속과삼목
靑春曷老蒼　　청춘갈로창
翠屛充勝友　　취병충승우
朋遇酌溲康　　붕우작수강
旭日爲開霽　　욱일위개제
斜陽衍慌洋　　사양연황양


무더위 속에 비가 억수로 내리니
쏟아지는 폭포 소리 시원하게 들리고
시원한 바람이 울창한 숲 지나가듯이
내 청춘도 쓸쓸히 늙어 감을 어찌하랴
푸른 산엔 푸르른 소나무로 가득한데
친구와 마주 앉아 술잔 권하니 즐겁구나
아침 해는 하늘을 맑게 개게 하고
기울어가는 저녁 해는 황홀함이 넘친다

## 春夜甘雨
춘야감우

重三過解地　중삼과해지
凡百早晨明　범백조신명
耜改農夫偬　사개농부총
溟濛凄蛤聲　명몽처합성
霆零漸草野　주령점초야
元氣煽諸生　원기선제생
老圃豊登衍　노포풍등연
黎民建樂城　여민건낙성

　壬辰肇春 於耳亭吟
　(임진조춘 어이정음)


삼짓날 지나서 대지가 깨어나니
만물에 희망찬 새벽이 밝아 오네
쟁기를 손질하는 농부의 바쁜 마음
보슬비는 내리는데 개구리 소리 처량하구나
때맞춰 내린 비는 초야를 적시어
세상 만물에 생기를 불어넣고
늙은 농부들에게는 풍성한 수확으로
만백성이 즐거운 나라를 건설하세

## 壬辰夏至
임진하지

暖紅午溽照炎光　　난홍오욕조염광
山野綠陰靑偬忙　　산야녹음청총망
長期旱終滂霪雨　　장기한종방주우
嗇夫揮耕樂祛凉　　색부휘경락거량
郊庭匼匝前蚊熾　　교정암잡전문치
醉友宵譚幼未忘　　취우소담유미망
銀渚舌分誇積久　　은저설분과적구
昔思興沒宿眠康　　석사흥몰숙면강


정오의 무더운 햇볕이 따갑게 내려 쬐니
산야의 녹음방초 푸르름이 빠르구나
오랜 가뭄 끝나고 때마침 단비 내리니
농부의 쟁기질에 옷소매도 흥이 났네
시골 마당 둘러앉아 모깃불 피워 놓고
술친구와 얘기 나누던 잊을 수 없는 그 옛날
은하수 별을 헤며 지난 세월 짚어 보다가
옛 추억에 저절로 취하여 편안하게 잠이 든다

## 祈雨
기우

來春芽果樹 　래춘아과수
那裏辰農耕 　나리신농경
重五留瀧澍 　중오류롱주
捎雲日脚晴 　소운일각청
慕華年艶麗 　모화년염려
心老圃端呈 　심노포단정
位舞雩精盡 　위무우정진
降寵愛恰盈 　강총애흡영

봄이 오고 과일나무에 새싹이 돋아나니
도처에 농사지을 때가 되었구나
단오절에 단비 오기를 간절히 바라는데
구름은 없고 햇빛만 창공에 가득하네
고운 여인을 그리워하는 소년처럼
늙은 농부의 마음도 이와 같으니
정성을 다해 기우제를 지내고 나면
기다리는 임은 당연히 오게 되리라

## 珍島名犬
진도명견

白狗屋來歡　　백구옥래환
黃犬野常隨　　황견야상수
黑色垈夫話　　흑색벌부화
灰尨愛姁思　　회방애후사
沃州眞寶物　　옥주진보물
耳矣乎名犬　　이의호명견
四宇名聲最　　사우명성최
世人靈物辭　　세인영물사

백구는 귀가하는 나를 반기고
황구는 들에서 항상 따라다니며
깜둥이는 농부의 말벗이 되고
재구는 할머니의 사랑을 받네
진도의 보배 천연기념물 (53호)
오직 명견이라 부를 만하고
세계 최고의 명성을 자랑하니
세인들 모두가 영물이라 사하네

### 珍島靑蔥
진도청총(대파)

| | |
|---|---|
| 宇內雱冬野 | 우내방동야 |
| 誰何立綠生 | 수하입록생 |
| 赤辛湯聘友 | 적신탕빙우 |
| 熟味坐靑迎 | 숙미좌청영 |
| 豊作輕價悵 | 풍작경가창 |
| 適時貴福晶 | 적시귀복정 |
| 嗇夫非認法 | 색부비인법 |
| 猶每常蔥耕 | 유매상총경 |

  癸巳盛冬 耳亭吟
  (계사성동 이정음)


온 세상이 흰 눈 뒤덮인 한겨울 들녘
푸르름을 안고 서 있는 너는 누구냐
매운탕 끓여 친구를 초빙하니
탕 위에 파랗게 올라 앉아 반기는구나
때로는 풍작으로 싼값을 원망하고
어느 해에는 품귀하여 행운을 잡기도 하네
농민들이야 수급 법칙을 알 수 없지만
올해도 농부는 마땅히 대파를 심는다

## 晩秋 沃州 雅會
만추 옥주 아회

凄辰和煦下陽天　처신화후하양천
六十而今擺雅先　육십이금파아선
高遊小痴舊步苑　고유소치구보원
夙儒吟客現襖筵　숙유음객현오연
無端勢歿前賢俊　무단세몰전현준
每每憍憍自慢憐　매매교교자만련
然藝術鄕尤繼迪　연예술향우계적
我們承倚脈粘連　아문승의맥점연

乙未晩秋 雲林山房前 耳亭吟
(을미만추 운림산방전 이정음)


만추지절 온화하고 화창한 하늘 아래서
60여 년 만에 처음으로 아회가 열리었네
유유자적 소치 선생님이 옛날에 거닐었던 정원에서
명망 높은 시인들이 모여 도포를 입고 좌정하니
괜히 대가들 앞이라 주눅이 들고
평소에 늘 교만하고 게을렀던 자신이 가련하구나
연이나 예술의 고향을 더욱 계승 발전시켜
우리 서로 받들고 의지하며 끈끈한 예맥을 이어 나가세

## 碧波亭 復元
벽파정 복원

曠年方客沃州途　광년방객옥주도
比始登壟勝致愉　비시등롱승치유
蒼昊積雲翔舞顯　창호적운상무현
澯溟浮嶼靜茵敷　찬명부서정인부
暄妍彩靄姁唱出　훤연채애후창출
麗日風絲澳怲孤　려일풍사오병고
新造碧波亭四望　신조벽파정사망
匹儔雅會誦詩旲　필주아회송시오

　丙申農月 雅會 耳亭吟
　(병신농월 아회 이정음)


오랜 세월 방객들이 옥주 땅에 들어서면
맨 처음 언덕에 올라 뛰어난 운치를 즐기던 곳
푸른 하늘 뭉게구름 춤추듯 나타나고
바다에는 섬들이 고요히 떠 있으니
아름다운 저녁노을 콧노래 절로 나고
화창한 날 산들바람 깊은 시름 떨쳐버리네
새로 복원된 벽파정에 올라 사방을 둘러보며
한시 회원들은 아회시 낭송 소리로 떠들석하구나

## 智山面 鞍峙里
지산면 안치리

畵詩書唱鄕忠源　화시서창향충원
珍島末端簫隱村　진도말단소은촌
哺夕晩霞望絶致　포석만하망절치
海浮嶼看錦雲痕　해부서간금운흔
倍炎暑濕湯身補　배염서습탕신보
舊友酣興茁澳恩　구우감흥줄오은
穌齋僻幽居謫客　소재벽유거적객
爾時誰某國思魂　이시수모국사혼

　　壬辰夏 訪友宅 惟穌齋 耳亭吟
　　(임진하 방우댁 유소재 이정음)


시서화창 충절의 고향
보배 섬 끝자락에 숨겨진 마을
해질녘 황홀한 풍경을 바라보니
비단 구름에 싸인 작은 섬들 아름답구나
무덥고 습한 삼복더위에 보양탕 끓여 놓고
옛 친구들과 한잔 술에 깊은 정담 익어가는데
외롭고 쓸쓸한 귀양살이 하시던 소재 선생은
그 시절 누구와 우국충정을 논의했을까?

## 旌善 阿里娘
정선 아리랑

| | |
|---|---|
| 松骨只遭訢合隆 | 송골지조희합융 |
| 柳余糧戀企想空 | 류여량연기상공 |
| 發樝丈貨忘蹂邁 | 발사장화망유매 |
| 山野蓬離滅雪充 | 산야봉리멸설충 |
| 吁別愁潘晞灼怛 | 우별수반희작달 |
| 盾慙羞用殄錢通 | 순참수용진전통 |
| 奈親來莫殼凌雨 | 내친래막각능우 |
| 鄕女寤懷碑悆終 | 향녀오회비여종 |

송천과 골지천이 만나 하나로 합해지는 곳
유천 처녀 여량 총각 그리움이 사무치네
뗏목타고 돈벌러 떠난 임 세월 감을 잊었나
산천 푸를 때 떠나더니 눈이 와도 돌아오지 않네
이별의 아픔과 애통함만 넘쳐흐르는데
부끄러워서 숨었나 돈이 없어 못 오시나
어찌하여 기다리는 임은 오지 않고 세찬 비만 내리는가
유촌 처녀 자나깨나 임 생각에 망부석이 되었네

〈2015년 가을, 정선 아우라지 관광〉

## 智異山 姓三峙
지리산 성삼치(재)

宿耆門友酒酣嬉　숙기문우주감희
峙隮彎彎曲曲陂　치제만만곡곡피
千繡明明岣峽頔　천연명명구협적
萬長夢夢霙空追　만장몽몽앙공추
風絲鳥響耳聽樂　풍사조향이청락
菌湯山蔬口味施　균탕산소구미시
舊刹高僧鴻敎遇　구찰고승홍교우
擊蒙神秘旅情蕤　격몽신비여정유


덕망있는 문우들과 함께 취기에 흥겨울 즈음
관광버스 고갯길 돌고돌아 성삼재에 오르니
천길 앞 선명한 경치 산봉우리와 골짜기 아름답고
저 멀리 아롱아롱 뭉게구름이 푸른 하늘 쫓아가네
산들바람 새 소리는 듣는 귀를 즐겁게 하고
버섯탕 산채 나물은 우리들 입맛을 돋게 하는구나
고찰에서 고승의 훌륭한 가르침과 만나니
무지에서 깨어난 신비로움에 나그네 마음이 평온하다

〈2016년 가을, 지리산 관광〉

## 綠雨堂
녹우당

寂和土末邑　　적화토말읍
五百古家傳　　오백고가전
擺竹娥心滉　　파죽아심황
庭橨漢勢堅　　정분한세견
孤山詩昊滿　　고산시호만
共齊畵壙鮮　　공제화광선
孝寵千年炫　　효총천년현
尹譜萬劫連　　윤보만겁련

고요하고 평화로운 땅끝(해남) 고을에
오백 년 이어 온 고택이 전해오고 있으니
(금쇄동) 흔들리는 대나무 여인의 마음을 들뜨게 하고
(급제 기념) 정원의 은행나무 사나이 기개 굳세게 하네
고산(윤선도)의 시 소리가 창공에 가득하고
공제(윤두서)의 화폭은 들녘에 선명하다
효종 대왕 총애가 천 년 동안 빛나나니
(해남)윤씨 가문은 만겁토록 이어가리

〈2017년 봄, 고산고택孤山故宅 사적지 방문〉

## 尹門 家族公園
윤문 가족공원

逖瞻碧水祖靈眠　적첨벽수조령면
閬苑韓南女貴肩　낭원한남여귀견
朝照寂常愚魯罄　조조적상우노경
夕朣幽夜假人塡　석동유야가인전
和豫偶訪千憂悆　화예우방천우여
積鬱遒扳幸媚懸　적울주반행미현
停島衆望家烈讚　정도중망가열찬
德門海尹萬邦傳　덕문해윤만방전

　己亥正初 耳亭尹洪基吟
　(기해정초 이정윤홍기음)


아스라한 수평선 바라보며 조상님들 잠드신 곳
신선이 산다는 한국 남단 여귀산 자락일세
아침 햇살 비추면 번뇌와 세상 시름 잊게 하고
저녁에 달이 뜨면 고요한 밤 거룩함으로 가득하다
마음이 평화로울 땐 가끔 찾아 위안을 받고
근심이 쌓이면 다가가 안겨 사랑받게 매달리네
진도 정착 후 신망받으며 살아오신 조상님 기리며
덕망 있는 해남윤씨 가문 만방에 전하세

# 제5부
# 이정耳亭을 말한다

- 우리나라에 'IR' 개념을 최초로 소개한 사람
- 우리가 함께한 시간은 행복했습니다
- 의리와 긍정의 심볼, 멋을 아는 남자
- 영원한 나의 친구, 참 좋은 친구
- 한결같은 삼총사
- Demarketing적인 리더십으로 살아온 친구
- 소통의 달인, 우리 회장님
- 활달하고 친화력 강한 의리파
- 값진 세월 짧은 순간
- 모범적인 삶을 솔선수범하신 영원한 멘토님

(연장자 순)

# 우리나라에 'IR'개념을 최초로 소개한 사람

전 한국증권거래소 이사장 박 창배

내가 기억하는 이정 윤홍기 씨는 유난히 리더십과 책임감이 강한 사람이었다. 그는 1970년대 말 한국 자본시장의 심장인 증권거래소에 입사한 후 시장부에 배치되면서 당시 시장부장이었던 나와 첫 인연을 맺었다.

그 후 30여 년을 '한국경제 발전에 기여한다'는 같은 목적을 가지고 동고동락하였으며, 사내 여러 행사와 기우회 활동 등을 같이 하면서 주어진 임무의 책임 완수 등 여러 방면에 팔방미인인 그의 진면목을 다소나마 알 수 있었다.

특히 이정은 우리나라 증권시장에 'IR(Investor Relations)'을 최초로 소개한 인물이다. 나는 90년대 초 이정이 제출한 'IR 출장보고서'를 결재하면서 그 당시 미국 등 선진국에서는 이미 실시하고 있었으나 국내에는 소개된 적이 없는 'IR'이라는 증권시장과 관련된 새로운 분야가 있다는 것을 알게 되었다.

당시 우리나라 증권시장은 국가 경제 발전과 더불어 그 규모가 비약적으로 확장되고 있었으며 1988년도 자본자유화 확대 조치로 외국 자본의 유입이 급속도로 증가하고 있던 시기였다.

따라서 우리 거래소도 증권시장의 세계화에 발맞추어 모든 증권 관련 제도를 국제표준(Global Standard)에 맞도록 정비를 추진하던 때라서 'IR'은 그 시기에 꼭 필요한 분야였다.

그때까지 증권 투자자 보호를 위한 제도로서 기업 내용 공시제도를 비롯하여 시장 투명성 제고를 위한 여러 가지 제도도 비교적 잘 정비되어 있었지만, 거기에 더하여 상장기업의 대 투자자 홍보의 성격을 띠는 'IR' 제도의 도입은 매우 시의적절한 것이었다.

그 후 이정이 중심이 되어 'IR' 보급을 활발하게 추진하여 이 제도가 널리 알려지게 되고 오늘날 'IR'은 기업공개를 위한 필수적 항목이 되었다. 이런 점에서 이정이 우리나라 증권시장의 국제화와 증권 투자자 보호에 기여한 공로가 크다 하겠다.

그는 퇴직 후에 귀향하여 진도군청, 농협, 문화원 등에서 고향 발전을 위해 봉사 활동을 하고 있다는 소식을 들었었는데 최근에 상경하여 거래소 퇴직자들의 모임인 '한증 동우회'에서 다시 건강한 모습으로 만나게 되어 무척 반가웠다.

이정 윤홍기 씨의 입사 당시의 싱싱하고 활력 넘치던 옛 모습이 아직도 나의 기억에 생생한데 벌써 칠순이 지나고 그의 인생을 정리하는 자서전을 준비한다고 하니까 세월이 유수와 같음을 실감하게 된다.
끝으로 나와의 지난 인연을 회상해 보며 축하의 메시지와 함께 여생도 건강과 행복으로 충만하시기를 진심으로 기원한다.

## 우리가 함께한 시간은 행복했습니다

전 진도문화원 원장 박 정석

이정 윤홍기 선생께서 그동안의 삶을 정리한 자서전을 발간한다니 너무나 반갑고 진심으로 축하드립니다. 그러고 보니 우리가 어느새 고희를 훌쩍 넘겨버렸습니다. 우리는 2010년 윤 선생이 귀향하면서 첫 대면을 했고 이듬해 제가 40여 년의 공직 생활을 마치고 진도문화원장에 출마하면서 더욱 가까워지게 되었습니다.

윤 선생은 어린 학창 시절부터 고향 죽림에서 수재로 널리 알려졌고 우수한 학업성적은 물론 근면 성실한 성품으로 주위 또래 친구들의 귀감이 되었습니다. 대학을 졸업하고 우리나라 자본시장의 본산인 여의도에서 30여 년을 근무한 증권·금융 전문가입니다.

정년 퇴임한 후에는 귀향하여 10여 년 동안 여러 분야에서 활동하면서 보여 준 고향 사랑은 남달랐습니다.

특히 윤 선생은 저의 진도중학교 후배인 데다가 문화 예술에 대한 조예도 깊어 저와 각별한 사이가 되는 계기가 되었고 진도문화원에서 함께 많은 일을 할 수 있었습니다.

윤 선생은 제가 문화원장으로 재직한 8년 동안 항상 지근거리에서 많은 도움을 주고 조언도 아끼지 않았습니다. 회고해 보면 『진도 문화』 책임 편집위원으로 이 계간지 편찬을 책임지고 펴냈고 『각사등록各司

謄錄』 등 고문서 번역 사업을 비롯한 『보배 섬 진도 설화집』, 『진도 사람들 옛이야기』 발간에도 큰 역할을 하여 지금도 그 공을 잊지 못하고 있습니다.

또한 '진도 한시동우회' 사백詞伯님들과 함께 함께 연례적 행사인 '전국 한시 백일장' 개최에도 열과 성의를 다해주셨습니다. 출중한 한문 지식과 한시漢詩 시인으로서 잊혀져 가는 진도 한시 문화를 계승·발전시킨 공적은 길이 남을 것입니다.

이뿐만이 아닙니다. 매년 가을 개최되는 '진도문화원의 날' 기념식 준비는 물론 200여 명의 문화원 회원들을 인솔하여 전국 문화 유적지 답사를 차질 없이 진행, 군민들의 상호 친교와 문화 사상 고취하는 데도 힘을 쏟았습니다.

특히 〈진도문화원 60년사〉 발간에 큰 도움을 주셨고 '진도문화원의 나아갈 방향'이라는 기고문을 통해 향후 진도문화원이 지향해야 할 방향을 제시하여 주기도 하였습니다.

나는 윤 선생과 용장산성, 벽파정, 남도석성, 돈대봉 등 진도의 여러 문화 유적지를 함께 답사하기도 하고 때로는 첨찰산 등반을 마치고 운림산방 앞 가게에서 막걸리 잔을 기울이면서 진도의 앞날에 대해 깊이 있는 토론을 하던 시절을 잊을 수가 없습니다.

이제 이정 선생께서는 자녀들이 살고있는 서울로 상경하여 고향의 벗들과 자주 어울릴 수 없음이 다소 아쉽기도 합니다. 어디에 계시든 부디 가족들과 다복하니 건강하시고 우리가 함께 만든 고향의 추억도 오래도록 간직하길 바랍니다.

## 의리와 긍정의 심볼, 멋을 아는 남자

㈜미래인베스트먼트 회장 전 영길

우리들의 첫 만남은 윤형이 1970년대 말 증권거래소에 입사하여 이루어졌다. 대학 학번은 같았지만 엇갈린 군대 입대 등으로 서로 알지 못하고 지내다가 형이 나보다 1년 후 입사하면서부터 우리의 인연은 시작되었다. 형의 고향이 진도이며 같은 대학 동기라는 사실을 알게 되면서부터 더욱 가깝게 지내는 사이가 된 것이다.

그 후 1980년대 신혼 시절부터 우린 서로의 집을 왕래하며 아내와 아이들도 친해져서 삶의 애환을 나누는 인생의 동반자요 직장 동료로서 늘 함께하게 되었다.

내가 형을 특히 좋아했던 이유 중 하나는 그의 호탕한 성격에서 나오는 의리와 어떤 부탁도 거절하지 못하는 긍정의 에너지 때문이기도 하다. 형은 남의 아픔을 자신의 아픔처럼 안타까워하고, 남의 기쁨을 자신의 기쁨처럼 기뻐해 줄줄 아는 진정한 의리의 사나이였다.

그래서 직장에서도 그런 품행을 인정받아 많은 선배가 함께 일하기를 원할 정도였다. 동료와 후배들의 신망도 두터워 자연스럽게 리더의 역할로 이어졌다.

형은 예향 진도 출신답게 노래와 문학 등 예술 분야에 조예가 깊었다. 그 당시에 시골 출신이면서도 대중가요가 아닌 클래식이나 가곡을 사랑하고 즐기는 취미생활을 했었던 것을 보면 타고난 DNA뿐만 아니라 예향에서 자란 환경적 영향 때문이 아니었던가 싶기도 하다. 형은 동료들과 회식이라도 있는 날이면 언제나 마지막까지 남아 모든 뒤처리하고 나서 귀가했다. 다음날에는 어김없이 '언제 그랬냐'는 식으로 정시 출근하여 근무에 임하니 은연중에 동료의 귀감이 되었다.

2002년 형이 미시간 주립대학교 연수를 마칠 즈음 내가 배턴을 이어받게 되어 출입국 일정 관계로 우리 가족이 먼저 미국에 들어가서 잠시 함께 생활했었다. 나는 형이 살았던 같은 아파트에 집을 구했고 형이 타던 자동차와 세간살이를 인계받았다. 거기에 연수 생활의 노하우까지 전달받으면서 미시간 지리도 익힐 겸 우리 두 가족이 가까운 곳으로 여행도 다니고 골프도 치면서 지냈다.

그때 가까이서 겪어 보고 '황금 같은 연수 시절 1년을 가족과 함께 정말 멋지게 보내면서 인생의 낭만과 멋을 무척이나 즐기셨구나!'라는 생각이 들었다. 지금도 가끔 형과 만나면 당시의 즐겁고 행복했던 그 시절을 회상하며 추억에 잠기곤 한다.

이제 거래소 생활 30년을 뒤로하고 각자 퇴직한 후 우린 서로 다른 환경에서 새로운 인생을 살고 있다. 우리 둘 다 시골 촌놈들로서 객지에서 만나 지난 세월을 긍정적인 영향을 서로 주고받으며 '무無에서 유有를 창조'하면서 살아왔다. 앞으로도 믿음직스러운 영원한 동반자로 살아가자고 다짐해 본다.

## 영원한 나의 친구, 참 좋은 친구

전 목포시 시장 김 종식

반세기가 넘는 세월 동안 우리는 친구였다. 그것도 아주 친한 친구다. 멀리 있거나 가까이 있거나, 자주 만나거나 만나지 못하거나 우리는 한결같은 친구다, 고등학교 1학년 때 같은 반 짝꿍이 된 후 지금까지 친구이니 그러지 않겠는가.

우린 처음 만나면서부터 금세 친해졌다. 우리는 의기투합하여 한 집에서 자취생활을 했다. 공부도 운동도 열심히 하고 잘하기도 했다. 친구는 태권도, 나는 권수도를 했다. 우리 둘은 가끔 마당에서 겨루기도 했는데 이기고 지는 것도 없었다. 평생을 살아오면서 서운한 것도 화내는 일도 없었다. 학창 시절 내내 우리는 애인 같은 친구였다.

고등학교 3학년, 대학 진학 시험 때 우리는 육군사관학교 1차 필기시험에는 합격했으나 서울대 진학의 꿈을 갖고 2차 응시를 포기했었다. 그러나 우리는 똑같이 서울대 진학에 실패하고 재도전 한후 나는 성균관대로 친구는 전남대로 진학했다.

친구는 대학 시절 내내 장학금과 아르바이트로 어렵게 공부했다. 법과대학 학생회장도 했다. 그리고 대학 졸업 무렵 안기부, 경찰, 증권거래소 등 몇 직장을 놓고 선택을 고심했는데, 그때 나는 증권거래소를 권유했었고, 그 때문인지 거래소에서 30년을 봉직했다.

나는 고등학교 시절 방학이 되면 진도 죽림리 바닷가에 있는 친구의 고향 집에 몇 번 놀러 가곤 했었다. 그럴 때면 철썩거리는 파도 소리와 보름달이 비추는 해변의 풍경은 너무나 낭만적이었지만, 한편으론 쓸쓸한 벽촌의 상징처럼 느껴지기도 했었다.

그렇지만 친구는 어려운 환경을 슬기롭게 극복하고 대학을 졸업하였고, 우리나라 자본시장의 심장인 서울 여의도 증권거래소에서 그의 열정과 성실함으로 성공적인 전문 금융인의 삶을 살아왔다.

자식 농사도 잘 지었다. 지금은 여유로운 노년을 보내고 있는데 촌놈이 성공했다.

내가 행정고시에 합격하고 공직에 들어와 고향 완도에서 민선 군수 3선을 하고 난 다음 목포시장에 출마했을 때 친구는 증권거래소 은퇴 후 귀향하여 진도군청에 특채되어 근무하다가 진도 군의원에 도전한다는 소식을 듣고 '지방에 저런 스펙을 가진 인물이 별로 없어 잘 되면 진도군에 큰 도움이 될 것'으로 생각했다.

그러나 그때에는 내 선거를 치르느라 친구 선거에 도움을 주지 못했는데 이것이 지금까지도 큰 아쉬움으로 남았다.

이제 우리는 인생의 황혼기에 접어들어서도 언제나 변함없는 우정으로 매번 만나고 안부를 살피고 있다. 앞으로 남은 인생도 여유롭고 건강하고 행복하게 함께 살아가기를 간절히 소망한다.

## 한결같은 삼총사
- 홍기 친구에게 -

전 서울시 부이사관, 수필가 이 연배

너를 생각하면 구수한 목소리와 포근한 모습이 먼저 떠오른다. 다정한 네가 곁에 있는 듯하다. 동시대에 태어나 반세기 넘도록 정다운 벗으로 지낸다는 건 운명 같은 인연이다.

너와 K와 나, 우리 셋은 고등학교 동기라면 모르는 이가 없을 정도로 친하게 지낸 삼총사였다. 서로 어떻게 만나고 가까워졌는지 기억나지 않지만, 각자 다른 고장에서 태어났는데도 같은 학교에 다니며 남달리 친하게 지냈다. 서로의 자취방을 몰려다니며 라면도 끓여 먹고 밤참도 먹으며 학교에서 일어난 일이나 진학 얘기를 스스럼없이 나누었지. 그러다 늦으면 같이 잠을 자기도 하고. 공부 시간이 항상 부족했을 때였는데 함께 있는 시간은 하나도 아깝지 않았으니. 그만큼 우리의 만남이 즐거웠고 유익했다.

고등학교를 졸업하고 서로 다른 대학에 진학하면서 좀체 만나지 못했다. 그러다 동숭동 K 친구 자취방에서 같이 만났던 기억은 지금도 생생하다. 식사 후 그의 방에 둘러앉아 도란도란 얘기 나누던 모습이 지금도 눈에 선하구나. 당시 내가 생도 신분이라 술 한 잔 나누지 못했는데도 정말 반갑고 즐거웠다. 대학을 졸업하고 직장에 다닐 때도 서로는 멀리 떨어져 보기 어려웠다. 내가 전역하고 나서야 서울에서 너와

종종 만나 회포를 풀었고, K는 지방에 있어 좀체 만나지 못했다. 그중에도 어쩌다가 셋이 모이면 늦은 밤까지 회포를 풀기도 했지. 셋은 모처럼 만나도 구수한 된장처럼 옛정 그대로였고, 한동안 못 봐도 우정은 변함없었다.

특히 K는 지방에서 지위가 높아지면서 만나기가 더욱 어려웠다. 그런데 몇 해 전 뜻밖에 현직에 있는 K의 초대로 우리 세 부부가 만나 신나게 케이블카와 요트도 타고 맛있는 저녁을 먹었다. 얼마나 흐뭇하던지. 그때도 고등학교 시절 자취방을 돌며 뒹굴었던 얘기는 빠지지 않았다. 그때 K는 무슨 바람이 불어 우리를 초대했을까. K의 변함없는 우정을 확인하며 잠시 서운했지려던 마음이 일시에 해소되었다고 할까.

지난 가을에는 우리 모두 퇴직하고 처음으로 세 부부가 일박이일 여행을 했다. 전주 한옥 마을에서 하루를 묵고, 진안 마이산과 아원 고택을 둘러보았는데 얼마나 행복하고 즐거웠는지 모른다. 젊은 시절 서로 다른 세상에서 바삐 살다가 손을 놓고서야 거울 앞에 선 누님처럼 홀가분하게 여유로운 시간을 보냈다.

한옥 마을을 둘러보고 한정식과 막걸리로 옛정을 나누었고, 숙소로 와서는 방 안에 둘러앉아 와인 잔을 기울이며 우정을 곱씹었다.

다음 날에는 당나귀 두 귀 같은 마이산 아래서 누군가 정성들여 쌓아 놓은 돌탑들을 돌며 우리 우정이 변함없기를 빌었다.

그리고 고요가 숨 쉬는 한옥 고택을 둘러보며 잔잔한 수조 안 물처럼 우리 우정을 고이 간직했다. 차경으로 바라본 산들과 전경은 또 얼마나 아름답고 멋이 있었는지. 우정은 고요 속에서 한없이 머무르고 싶었다.

이토록 즐겁고 멋진 여행을 계획하고 준비한 게 바로 네가 아니던가. 너는 항상 우리에게 즐거움을 선사한 자상한 친구요, 부드러운 벗이다.

셋이 모두 성공적으로 직장을 마치고 건강하게 다시 만나는 것도 대단한 일이요, 만나면 언제나 반갑고 서로 얘기가 통하고 이해하고 공감해 주었다. 오십 년 넘도록 한 번도 싸우지 않고 시기나 질투하는 일 없이 다정하게 지낸다는 게 보통의 일이더냐.

두 사람 사이에도 갈등과 질투가 있을 수 있고, 세 사람 사이에는 삼각관계로 복잡해지는 게 허다한 일인데, 우리는 한 번도 그런 일이 없었다.

이는 서로가 분수를 알고 과한 걸 바라지 않는 것도 있겠지만, 무엇보다 홍기 너의 역할이 컸기 때문일 것이다.

너의 포근한 마음씨가 우리 사이를 윤활유처럼 매끄럽게 해주었고, 교량 같은 역할을 했다. 네가 아니었다면 우리 셋이 이렇게 좋은 우정으로 이리 오랫동안 지낼 수 있었겠는가.

홍기 너는 끼가 많아 노래도 잘하고 사교적이고 낙천적이고 활발해서 좋다. 너를 만나면 언제나 반갑고 기쁘고, 동생처럼 귀엽다는 생각도 든다. 그런데 네가 먼저 결혼했다고 우리 앞에서 얼마나 뻐기고 어른 행세하던지, 그때 참으로 가관이었다. 어린 고양이가 부뚜막에 먼저 올라갔다고 큰소리치는 격이었다. 아무튼 너는 재주가 좋아 훌륭한 자녀를 두고 손자도 여럿이니 얼마나 다복한 것이냐.

너와 K와 나, 한결같은 삼총사. 이 세상 태어나 우리가 같이 만나고 다정하게 지낸 게 커다란 행운이요 영광이다. 좋은 친구였고 즐겁고 행복했다. 마지막까지 건강하고 변함없는 벗이길 기원한다. 너의 탁월한 역할도 기대한다.

# Demarketing적인 리더십으로 살아온 친구

철학박사 김 창주

음식이 맛있다고 사람이 들끓는 어떤 음식점에 가보면 간판에 '서울에서 둘째로 맛있는 집, 팥죽 맛 최고!'라는 간판이 붙어있다. 같은 값이면 사람은 제일 잘하는 집에 가서 식사하고 싶을 것이다.

그런데 왜 두 번째로 잘하는 집이라고 했을까 하고 궁금해서라도 한 번 가보게 되는 경우가 있다. 그래서 그 집에 가보면 간판도 보일락 말락 하고 실내는 비좁고, 산만하고, 지저분하고, 의자는 삐꺽거린다. 저렇게 해놓고서도 장사가 될까 하는 데 손님들이 줄을 서서 기다린다. 그것이 입소문을 타고 또 문전성시를 이룬다.

이것을 경영학 용어로 '디마케팅(Demarketing)'이라고 한다. 마케팅(Marketing)이란 '자기의 물건을 많이 팔겠다'는 영업활동을 의미하지만 디마케팅이란 '물건을 많이 팔지 않겠다'고 광고하는 것을 말한다. 그런데 사실은 확실하게 많이 팔고자 이 보 전진을 위해 일 보 후퇴하는 고도의 심리적인 마케팅 전략이다.

다시 말해 족발집이 '서울에서 두 번째로 잘하는 집'이라고 광고한다든지 맥도날드가 '일주일에 한 번만 오세요' 하고 홍보하여 신뢰를 구축하고 장기 고객을 확보하는 것과 같은 광고 마케팅 기법인 것이다.

내가 오래전부터 알고 지낸 친구 이정이 바로 전형적인 디마케팅형

리더이다. 절대로 자기가 잘났다고 앞서서 어느 조직을 끌고 가려고 하는 리더가 아니다. 항상 겸손한 2인자의 삶을 살려고 노력하는 사람이다. 그리고 그는 2선에서 어렵고 힘든 일이나 궂은일도 마다하지 않고 열심히 하여 조직이 원하는 목표를 달성할 수 있도록 기름칠해주는 봉사하는 지도자의 삶을 살아온 사람이다.

이정은 인간적으로도 남에게 척을 지거나 남을 힘들게 하는 행동을 하지 않는 참으로 도덕군자 같은 겸손한 사람이다. 그래서 다른 사람이 괴롭다고 막걸리라도 한잔 먹고 싶다고 하면 '잘 되었다' 하고 자기 호주머니를 털어 술을 사주며 자기도 한 잔씩 맛보는 참으로 인간적인 디마케팅적인 사람이다.

내 친구 이정은 6·25 전쟁 중인 보릿고개 시절에 그것도 시골에서 태어났다. 당시 그 환경에서 대학까지 진학한다는 것은 보통 어려운 일이 아니었다. 그런데도 이정은 모든 난관을 극복하고 우뚝 섰다. 그것이 이정을 겸손한 디마케팅적인 삶을 살도록 한 자양분이 되지 않았나 생각된다.

나는 대학교 때 이정을 만난 후 지금까지 돈독한 우정을 이어오고 있다. 우리는 졸업 후 나름 성실한 사회인으로 열심히 세상을 살아왔다. 참으로 본받고 싶고 존경받을 만한 친구다.

이정은 난마처럼 얽혀있었던 젊은 시절의 삶을 극복해 오면서도 언제 또 시간을 내어 바둑, 테니스, 골프, 등산 등 여러 취미활동을 하였는지 그 수준이 또한 상당하다는 것이며, 거기에 더해 음악이나 미술에도 조예가 깊어 못 하는 것이 없으니 칭찬해야 할지 아니면 진짜 숨은 고수 앞에 데리고 가서 '도장 깨기' 시합을 하게 하여 고수의 참맛이 무엇인지 알게 해주어야 할지 판단이 서질 않는다. 그런데도 내기 시합을 하면 꼭 한 번씩은 져 주기도 하고, 혹 이기더라도 상대방의 자존심이 상하지 않도록 한다. 그런 점이 디마케팅적이라는 것이다.

또한, 구수한 말 펀치는 언제 어디서나 사람의 경계를 누그러뜨리게 하니 참으로 현명한 리더이고, 한마디로 '못 하는 것이 없는 팔방미인'이다.

이제 이정이 자신의 인생을 정리하는 자서전을 펴낸다고 하니 진심으로 축하드린다.

## 소통의 달인, 우리 회장님

전 DGB (대구은행 그룹) 회장 박 인규

　세상살이가 만만치 않은 현대인의 삶은 험난한 고개를 넘어가는 것과 같고 그러한 과정에서 늘 맞닥뜨리는 것은 호랑이와 같은 존재들뿐이라고 할 수 있습니다. 우리들이 매일 만나는 사람들과의 관계를 유지함에 있어서도 원활한 소통이 이루어지지 않아 갈등을 일으키는 경우를 흔히 보게 됩니다. 그런 의미에서 내가 아는 윤 회장님은 소통의 달인입니다.

　우리들은 1990년대 말 우리나라 외환위기(IMF 사태) 직전 서울대학교 고급 금융 과정(ABP)에서 만났는데 우린 만난 첫날 옆자리에 앉아 인사를 나눴습니다. 나중에는 같은 반에 배치되어 더욱 가깝게 되었습니다. 윤 회장님은 우리 반 반장이 되어 탁월한 리더로서 우리들에게 상호 긍정적인 에너지를 유도하며, 신뢰와 우정을 돈독히 쌓아 가는 가교역할을 충실히 수행하였습니다. 그래서 우리 반원들은 어느새 반장님을 믿고 의지하며 지냈는데 연수가 끝난 후에도 만남이 지속되어 부부 동반으로 동남아와 제주도 등을 함께 여행하며 즐거운 추억을 만들기도 하였습니다.

　회장님은 어떤 계층의 사람들과도 특유의 친화력으로 갈등을 해소하고 구성원들에게 만족감과 행복 바이러스를 주는 따뜻한 마음을 지닌 덕장 임에 틀림이 없습니다. 그리고 저와 돈독한 관계를 지금까지 유지해 온 것은 요즈음 흔히 말하는 영호남 갈등을 완화 시키는 데에도 작은 주춧돌 하나쯤은 놓지 않았나 생각해 봅니다.

회장님은 직장생활에서도 과묵하면서 예리한 판단력과 출중한 실력으로 우리나라 자본시장의 중심지인 여의도에서 금융 전문가로 명성을 떨치셨습니다. 또한, 한 가정의 가장으로서도 우리에게 모범을 보여 주셨습니다.

알고 보니 회장님은 어렸을 때부터 영민하여 부모 형제와 고향 분들의 기대를 받으며 자랐고, 지금은 2남 1녀의 자녀들을 훌륭히 성장시켜 각자가 국가 사회에 크게 기여하는 위치에 있습니다.
또한, 회장님의 아내 사랑은 주위의 부러움을 많이 받았습니다. 끈끈한 부부애로 뭉친 천생연분입니다.

이제 고희를 넘기신 회장님께서 누구도 감히 흉내 낼 수 없는 그동안의 삶과 업적을 기록한 자서전 중 한 페이지에 불초 소생의 글이 혹여 누가 되지 않을까 염려스럽기도 하지만, 다른 한편으로는 이러한 기회를 주셔서 큰 영광으로 생각되기도 합니다.

끝으로 회장님과 형수님의 앞날에 항상 건강과 행복이 충만하시고, 자녀들 가정에도 회장님의 내공이 전해져 영원히 함께하길 기원합니다.

## 활달하고 친화력 강한 의리파

전 한국증권거래소 부장, 시인 김 권곤

우리는 1979년 한국증권거래소 명동 연수실에서 입사 동기생으로 처음 만났습니다. 그 당시 은행에 근무하다 전직하신 홍기 형은 사회 경험이 있어서인지 우리 동기들을 리드하고 다독거리는 맏형 역할을 했습니다.

형은 여러 방면에 재주가 많은 만능 엔터테이너였고 활달한 성격으로 동료 간 친화력이 돋보였으며, 바둑도 수준급이고, 축구 배구 탁구 등 스포츠맨으로서 사내 체육대회 때는 항상 주도적이었습니다. 장기자랑 때에는 '베사메 무초'를 멋지게 불러 여직원들에게 인기 만점이었습니다.

또한, 항상 노력하고 공부하는 형은 매사에 박학다식하여 회사 업무에서도 연수과장, 홍보팀장 등을 역임하며 증권계에 오래도록 기억될 만한 많은 업적을 남기셨습니다.

형은 소치 허련 화백을 배출한 예향 진도 출신으로 평소에 늘 보고 듣고 자연스럽게 익혀서인지 진도아리랑, 육자배기, 판소리 등 민요를 불렀습니다. 거기에 남해를 넘어 태평양처럼 마음 씀씀이도 넓고 포근했습니다.

형과의 추억으로 잊을 수 없는 일화가 하나 있습니다. 형의 어머님이 별세하셨을 때 많은 직원이 회사 버스로 진도 상가에 문상하러 갔을 때의 일입니다. 고장마다 장례 문화가 다르겠지만 진도에서는 동네 어르신들, 어머니 지인들이 상가에서 상주와 어울려 북장단을 치면서 판소리를 부르는 모습은 참 생경했습니다.

이는 '진도 다시래기'라는 진도에서 전해오는 민속 문화로 출상 전날 밤에 빈 상여를 이용한 놀이로서, 유족의 슬픔을 위로하고 죽은 자의 극락왕생을 축원하기 위한 행사라고 들었습니다. 저의 고향 고흥도 진도와 장례 문화가 비슷한데 어리둥절 해하는 직원들에게 나름대로 열심히 설명해 주었던 기억이 새롭습니다.

그때의 광경을 기억해 한 편의 시로 표현해 보았습니다.

이정 모친 꽃상여 장례식 모습 ▲

## 슬픔을 불러 내다

상갓집에 문상 온 동네 사람들
영정 앞에 앉아 돌아가며
고인과 함께한 해묵은 슬픔을 호명하면
어디선가 달려온 슬픔은
판소리 가락에 몸을 싣는다

풍랑 속에서 돌아오지 않은 젊은 남편
돌림병으로 자식들을 가슴에 묻고
깨밭 매며 신세타령하던
기쁘고 서럽고 가슴 팍팍한 사연들
진도 판소리 가락으로 풀어내는
그 곡소리로 부조한다

슬픔이 하늘에 닿아야 좋은 곳으로 간다며
웃겼다 울리는 가락에
자기 한을 보태 서럽게 곡을 하다
눈물이 꺼들꺼들 마르면
슬픔은 하나둘씩 대문을 나선다

이승과 저승을 이어주는 가락이
하늘로 가는 다리를 놓고 있다

# 값진 세월 짧은 순간

㈜옥주환경 대표, 축구인 허 기백

형이 서울의 직장에서 은퇴한 후 귀향하여 진도군청 홍보계에 근무하게 되면서 우리들의 인연이 시작되었다. 그 후 10여 년을 함께 생활하게 되었는데, 결론부터 말하자면 나는 이 세상에 태어나서 형을 가장 존경하게 되었고 형과 함께한 이 기간이 나의 인생에 있어서 최고의 값진 시간이 되었다.

당시 군청 출입 기자단에서 형의 공무원 특채 문제로 설왕설래할 때 나는 후배 기자들에게 이성적으로 판단해야 한다고 설득했으나 여의치 못했다. 그런 과정에서 형의 고향에서의 어린 시절과 사회생활 이력에 대해 자세히 알게 되었다.

나는 초등학교 졸업 후 축구 특기로 진도중학교에 입학하여 공부와는 별 인연이 없었는데, 그때 죽림 출신 친구들은 형에 대해 "형이 자기 동네에서 공부 잘하는 모범생 선배로 마을에서 칭찬이 자자했으며, 부모님들로부터 '윤홍기만 같아라' 하는 말을 들으면서 자랐다"는 얘기를 하곤 했다.
그 후 나는 서울 경희고와 해병대 축구단을 거쳐 동국대 대학원을 졸업하고 고향에서 사업을 하며 살고 있었는데 수십 년이 지난 후에 형이 귀향하여 극적으로 만나게 된 것이다.

형은 나와의 첫 대면에서 내가 우리나라 원로 축구인 허윤정님의 친조카라는 것과 개략적인 나의 축구 이력을 알고 계셔서 나는 놀라지 않을 수 없었다. 순간 프랑스 소설가 생텍쥐페리의 소설 『어린 왕자』에 나오는 '내가 좋아하는 사람이 나를 좋아해 주는 건 기적이야'라는 말이 떠올랐다.

형과의 만남은 이렇게 시작되었고. 시간이 지나면서 형은 나의 멘토가 되어 피를 나눈 형제보다도 진한 사이가 되었다.
형은 '세상에서 가장 어려운 일은 사람의 마음을 얻는 것이다'는 말로 대인관계의 중요성을 일깨워 주시기도 했다.
형과 나는 진도에서 함께 여러 차례 군수님을 비롯한 선출직 기관장의 선거운동을 했는데, 그때마다 형의 해박한 지식과 선견지명 있는 참신한 아이디어에 늘 감탄하였고, 깔끔한 일 처리는 늘 경외의 대상이었으며 나에게 큰 교훈을 주었다.
형이 귀향 생활 중에 만들어 놓은 '동외리 사랑방'은 형이 서울로 이사한 후에도 많은 사람들이 모여 옛날을 추억하는 명소가 되어 잘 유지되고 있다.

이제 형과는 멀리 떨어져 있어 자주 대면할 수 없음을 아쉬워하던 차에 자서전을 집필하신다는 소식을 듣고 무척 반가웠다.
형의 입지전적인 훌륭한 인품을 그대로 드러내는 자서전이 하루빨리 나오기를 고대하고 있다.

## 모범적인 삶을 솔선수범하신 영원한 멘토님

㈜홍ENG 대표  홍 임기

제가 초등학교 5학년 어느 날 방과 후 집에 돌아와 보니 작은형과 저의 과외를 맡게 되었다는 젊고 멋진 선생님 한 분이 와 계셨습니다. 그날부터 우리들은 선생님과 공부도 열심히 하고 놀기도 하며 한방에서 자면서 지내게 되었습니다. 그렇게 우리들과 동고동락하며 지냈고 나중에는 저의 큰 매형이 되셨습니다. 이후 지금까지 50여 년을 장형으로서 우리 형제들을 잘 이끌어 주시고 계십니다.

학창 시절에는 방학 때마다 광주에 사실 때는 산수동 집에, 서울로 이사 가신 후엔 안양 비산동 집에 가서 지냈는데 공부를 배우러 간다는 것은 핑계였고 즐거운 여행이었습니다. 그때마다 늘 살갑고 친절하게 대해 주셨던 매형의 고마움을 잊을 수가 없습니다.

그동안 매형은 우리 부모님이 광주에서 서울로 이사 할 때도 모든 것을 주관하여 잘 처리하여 주신 것을 비롯하여 집안 대소사에 큰 역할을 하시는 우리 집의 기둥이었습니다.

특히 매형은 나의 일이라면 무엇이든지 지지해 주시고 아낌없이 지원해 주셨습니다. 고맙고, 감사한 일도 많지만, 그중에서도 매형이 중매를 서 주셔서 제가 가정을 꾸리게 된 점은 잊지 못할 일입니다. 덕분에 아들 둘과 네 식구가 행복하게 잘 살고 있습니다.

매형은 매사에 철두철미하여 빈틈없이 정석대로 살아오신 분입니다. 부모님을 비롯하여 우리 3남 2녀의 대가족이 가족여행을 갔을 때 일입니다. 매형은 A4 용지에 관광지, 시간, 숙소, 식당 메뉴까지 세밀하게 계획을 세운 일정표를 우리에게 나눠 주었는데 실제 일정과 거의 맞아떨어지는 것을 보고 저는 깜짝 놀랐습니다. 매형은 매사를 이런 식으로 처리하시는 분입니다.

또한, 매형은 술에 관한 한 일가견이 있습니다. 제 주변에는 술 좀 한다는 지인들도 많은데 진정한 애주가의 원탑은 매형입니다.
매형의 술좌석에서의 담론, 고전 역사에 대한 해박한 지식, 현대사회의 진단 등 모든 이야기는 경청하게 하는 마력이 있습니다. 저절로 존경심이 우러나게 됩니다.
술에 관해서는 막내인 저와 에피소드가 참 많습니다. 매형 30대 때 제가 도로 운전 실습을 코치했었는데, 여의도 한강 둔치와 행주산성까지 실습을 마치고 2~3차를 다니며 인사불성으로 만취한 적이 있습니다. 기억이 나실지 모르겠습니다만 그 뒤로도 술자리는 많았습니다. 그래서 저는 앞으로도 매형의 건강이 허락하는 한 계속하여 매형의 술 상대가 되어 드리려고 합니다.

끝으로 매형의 자서전 출간을 진심으로 축하드리며, 이제는 조카들도 장성하여 사회적으로 제 몫을 다하고 있으니 염려 놓으시고, 무거운 짐도 다 내려놓으시고 사랑하시는 큰 누나와 함께 건강하고 행복한 나날 보내시기를 바랍니다.

# 제6부
# 뿌리를 찾아서

손자·손녀들 ▲

1. 조상의 숨결
2. 우리 집안 가계도
3. 처가 풍산 홍씨
4. 아버지의 유산
5. 나의 배우자
6. 사랑하는 보물들에게

# 1. 조상의 숨결

해남 윤씨海南 尹氏는 11세기 고려 중엽에 발상發祥한 고족古族으로 시조始祖는 윤존부尹存富이시며, 시조부터 7세손까지는 자세한 연혁을 알 수 없으나 중시조인 8세八世 영동정공부군令同正公府君 윤광전尹光琠으로부터 현재까지 700여 년 동안 자손 번창하여 8파八派를 형성하고, 문장도덕文章道德과 충효절의忠孝節義가 대대로 빛나 호남망족湖南望族의 반열班列에 올랐다.(나무위키)

전남 강진군 도암면에 시조부터 7세까지의 단소壇所가 있다.

시조부터 선계7세(先系七世)의 단소(壇所) ▲

그리고 조선 3대 시조 시인으로 추앙받으며 '오우가' '어부사시사'로 유명한 고산 윤선도孤山 尹善道는 16세손世孫이시다.

고산고택 녹우당 ▲

진도珍島에 터를 잡으신 입도조入島祖 윤홍尹洪은 16세손으로 2남을 두셨는데 해남 황산에서 사시다가 진도 금갑으로 이주하셨고, 장남 중현은 죽림에 차남 중민은 금갑에 정착하셨다.

나는 호군공파護軍公派 27세손 재在자 항렬로 족보 명은 재일在日이고 음력 1951년 5월 6일생이다.

2016년에는 '해남 윤씨 대동보大同譜' 총 8권이 발간되었는데, 우리 가문의 가장 최근 족보로서 죽림 종친 관련 내력은 이 대동보 제2권 259쪽과 제6권 525쪽 전후에 실려 있다.

한편, 진도에는 70여 세대의 종친이 거주하고 있고, '진도종친회' 활동도 매우 활발하다.

우리들이 어렸을 적에는 정월 초하루 설날이면 가까운 친척 남자들은 모두 다 모여 온종일 어른들을 따라 20여 명이 이산 저산으로 성묘를 다니곤 했었는데, 이젠 세상이 많이 변해 수백 년 동안 면면히 이어져 오던 조상숭배의 미풍양속도 옛날 같지가 않다.

최근에 들어와서 이렇게 된 가장 큰 원인은 젊은이들이 자식을 적게 낳는 바람에 후손이 급격히 줄어들었기 때문일 것이다.

일단 한 집안의 친족 수가 적어서 시제를 모시는 문중 행사를 맡아 관리하는 사람도 없고, 참석해야 할 후손들이 많지 않다. 그리고 대부분이 고향을 떠나 생활함으로 찾아오기도 쉽지 않고, 명절 때 모처럼 얻은 휴가를 자기 가족끼리 즐기기에 바쁘다.

그리고 옛날에는 가까운 친척들이 한 마을이나 근거리에 살아서 어릴 때부터 함께 자란 경험이 있고, 성인이 되어서도 시제나 명절 때 만나면 아스라한 동심이 되살아나 반갑고 즐거웠다.

그런데 요즈음 세대는 그런 환경에서 성장한 것이 아니기 때문에 어렵사리 행사에 참석했다 하더라도 친척이라고는 하지만 서로 잘 어울리기도 어색하고, 나이 드신 어른들이 한문투성이의 용어를 써가면서 진행하는 행사가 낯설기도 할 터이다.

우리 집안의 경우만 보더라도 죽림에 거주하던 친척 4가족의 형제들이 모두 다 생활 근거지를 서울, 광주 등 도회지로 옮겨, 지금 고향에는 한 집도 남아있지 않게 되었다. 그래서 그동안 형제들이 많이 참석하는 단체 성묘는 쉽지 않았었다.

이런 현실적인 어려움을 극복하기 위해 우리 '죽림종친회'에서는 2017년 7월에 큰일을 해냈다.

　다행히 선대로부터 전해 내려온 문중 선산 약 1만 3천여 평이 있었는데, 그중 5천여 평을 매각하여 그 대금으로 여귀산 아래 양지바른 언덕에 가족공원을 조성하고, 여러 산에 제각기 흩어져 있었던 50여 기의 조상 묘소들을 모두 함께 모신 것이다.

　그리하여 「해남윤씨 호군공파 죽림종친회 가족공원」이 조성되었으니 참으로 감사하고 기쁘고 뿌듯하다.

　그리고 나머지 죽림리 산 235-2번지의 27,690㎡도 '죽림종친회' 이름으로 등기하여 두었으니, 후세 대대로 영원히 전승되기를 바라는 마음 간절하다.

여귀산 자락 죽림종친회 가족공원 ▲

## 2. 우리 집안 가계도

대동보의 범위는 너무나 방대하여 나도 자세히 다 보기가 어려운데 후손들이 본다는 것은 더욱 어렵겠고, 죽림 종친들이 기록된 곳도 찾기가 쉽지 않을 것 같다. 그래서 여기에 범위를 좁혀서 나를 중심으로 우리 가족과 가까운 일가친척들의 가계도를 따로 정리해 본다.

나의 조부 윤주순(尹柱順, 음1887.12.20.~1950.1.15.)은 집안의 장자이시고 인자하신 동네의 큰 어른有志으로 사시다가 내가 태어나기 바로 전 해에 별세하셨다. (할머니의 회상)

조모 김민심(金敏心, 음1889.11.19.~1964.1.9.)은 내가 중학교에 입학할 무렵 76세를 일기로 별세하셨다.

할머니는 막내이고 독자인 나를 유독 금지옥엽으로 애지중지하셨는데, 이는 최근에는 정반대의 현상이 나타나기도 하지만 그 시절의 '남아 선호 사상' 때문이었던 것 같기도 하다.

조부모님은 2남 3녀를 두셨다.

부친 윤병호(尹炳浩, 음1921.3.20.~1983.8.19.)는 차남으로 넷째였다. 족보명은 동하同夏로 어려운 시대를 사셨지만 한평생 유유자적 즐겁게 사시다가 63세에 별세하셨다.

모친 박성심(朴成心, 음1925.7.15.~1991.6.7.)은 그 시대 세상의 모든 어머니들이 그러했듯이 오로지 자식들 뒷바라지를 위해 평생을 고생만 하시다가 67세에 별세하셨다.

부모님과 장인장모님 ▲

어머니와 외4촌형과 함께 ▲

부모님 두 분 모두 짧은 생을 마감하셨다는 것이(당시에는 국민 평균 수명이 짧았음) 자식으로서 가슴 아픈 일이었지만, 그래도 큰 병치레 없이 영면하셨다는 점은 다소나마 위안이 된다.

우리 부모님은 2녀1남(춘자, 춘엽, 나)를 두셨다.

나는 홍영애(음1951.3.1.생)와 사이에 1녀2남을 두었다.

장녀 이나는 조용석과 2남(운호, 운서)을, 장남 국현은 장연금과 1녀1남(채원, 영유)을, 차남 우현은 박은주와 1녀(아인)를 두었다.

1976년도 결혼식 기념 ▲

큰누나는 삼막리 하태연과 혼인하였으나, 딸(미성) 하나를 남기고 30대의 젊은 나이에 사소한 병으로 별세했다. 우리 부모님은 홀로 남겨진 외손녀를 돌보아야 했고, 그 후 조카는 어려운 환경을 잘 극복하고 장성하여 중견 건설회사 경리직에 근무하다가 이원기와 혼인하여 2남(성훈, 성준)을 두었고, 얼마 전 손녀를 보았다.

작은누나는 봉상리 박석재와 혼인하여 2남1녀를 두었고, 매형은 월남전 참전 국가 유공자 연금으로 풍족한 노후를 보내고 있다.

장남 기만은 강현수와 2남(창민, 정민)을, 근홍은 박은주(앞장 은주와 동명이인)와 1남1녀(준현, 지우)를, 미선은 김남하와 2녀(민서, 예린)를 두었다.

고교시절 누나들과 함께 ▲

작은누나와 정방폭포에서 ▲

백부 윤병길〈족보명 길하吉夏〉은 해남 현산면에서 살다가 제주도로 이주하여 여생을 마치셨다. 슬하에 2남을 두셨고. 장남 영기는 1남(일표)을, 차남 선기는 1녀2남(혜원, 보현, 동현)를 두었다.

큰고모는 죽림리에 살면서 1녀(이천심)를 두셨고, 천심은 설예근과 혼인하여 7남매(남석, 종석, 흔석, 홍석, 두석, 희경, 지현)를 두었다.

작은고모는 신정리에서 살다가 목포로 이주하여 4남매(차병철, 병환, 봉희, 봉순)를 두셨고, 막내고모는 무자식으로 생을 마감하셨다..

외가로는 어머니 형제가 4남매였고, 선항리 외삼촌 박성만은 1남(희수, 孫 형준 등 7남매)을, 성열은 2남3녀(응수, 춘수 등)를 두셨고, 이모는 2남(이기수, 기준)을 두셨다.

▲ 4촌 장형 결혼식, 꼬마가 나, 뒤가 작은누나와 부모님

그리고 가까운 친척으로는 죽림리에 당숙 세 분, 영수(子 평진,상기), 병수(子 효신, 철홍, 철웅, 권철, 성식, 일심, 이심, 재희, 영옥), 연수(子 효선, 효윤, 효영, 효심, 효자, 효덕)님과 탑립리에 재당숙 세 분, 병연(系子 영환), 병술(子 영오, 영환, 영동, 영팔, 영삼, 영자), 병식(子 채호)님이 계셨다.

## 3. 처가 풍산 홍씨

나의 처가는 풍산 홍씨豊山 洪氏 가문 후손이다. 경북 안동시 풍산읍을 본관으로 하는 풍산 홍씨 시조는 1242년 고려 고종 때 문과에 장원 급제하여 국학직학國學直學을 지낸 홍지경洪之慶이시다.

풍산 홍씨를 중흥시킨 인물은 중시조 9세九世 문경공 홍이상洪履祥이다. 선조 때 문과에 급제한 후 광해군 때 대사헌에 이르렀으며, 아들 6형제가 모두 문과에 급제하였다.

홍이상의 자식 중 특히 넷째 아들 홍영洪霙의 후손이 가장 번창하여, 홍영의 자子 홍주원은 선조의 부마가 되었고, 홍주원의 자 홍만용은 숙종 때, 홍만용의 손자 홍현보도 영조 때 예조판서를 지냈다.

홍현보의 자 홍봉한洪鳳漢은 영조 때 영의정을 지냈고, 여식은 사도세자思悼世子의 비妃이자 정조의 생모인 '혜경궁 홍씨惠慶宮 洪氏'로 궁

중 비사를 전한 자전적 회고록 『한중록閑中錄』은 우리 궁중문학의 백미이다.

고려말, 이성계가 새 왕조 창건의 야망을 드러낼 때 5세五世 홍구洪龜는 벼슬을 버리고 경기 고양 고봉산에 은둔했다.

그의 아들 홍이洪伊는 호남 남평의 현령을 지냈는데, 그 인연으로 7세 홍수洪樹는 계유정난 시에 충절을 지키기 위해 나주로 낙향했다가 그곳에서 생애를 마쳐 후손들이 나주를 근거지로 광주, 화순, 함평 등지에 터를 잡고 살게 되었다.(두산백과)

나주시 노안면이 고향인 장인 홍승열(음1928.5.9.~2008.5.10)은 철도 공무원을 지낸 후 사업을 하셨고, 장모 고수덕(음1930.11.17.~)과의 사이에 3남2녀를 두셨다.

나의 아내가 장녀이고, 장남 경식은 김월순과 3녀(유나, 아라, 리나)를, 영숙은 문주영과 2녀(수아, 윤정)를, 창식은 조혜정과 1남1녀(성호, 준희)를, 임기는 박명숙과 2남(성준, 성훈)을 두었다.

처가 식구들 ▲

## 4. 아버지의 유산

　40여 년 전에 귀천하신 아버지를 추억해 보려니 새삼 그 시절이 그리워진다.
　나의 아버지는 영화 '국제시장'의 주인공처럼 일제 강점기와 한국 전쟁의 격변기를 살아온 세대에 해당한다. 많은 설명이 필요 없는 고난의 상징과도 같은 세대다. 당시만 해도 '인생칠십고래희'[01]라는 말이 크게 틀린 말은 아니었지만, 회갑을 막 넘기고 별세하셨으니 자식된 입장에서는 애석하기 짝이 없는 일이었다.
　그 시대 우리 부모님들은 대부분 어렵게 생활했으나 가난을 대물림하지 않기 위하여 많은 것을 희생했다. 재산이 있는 집이나 없는 집이

---

01　인생칠십고래희(人生七十古來稀): 당나라 두보의 시 곡강이수(曲江二首) 일절에 나오는 말로, 예로부터 '사람이 칠십을 살기는 드문 일'이라는 뜻

나 할 것 없이 자식 교육을 위해 논밭을 처분하는 것을 당연하게 생각했다. 나의 아버지도 그나마 가지고 있던 소규모의 농토마저도 하나둘 처분하셨다.

그리고 보통 부모님들 대부분은 무학으로 문맹이었다. 그렇지만 아버지는 그나마 보통학교를 졸업하고 천자문도 읽혀 동네 유지 중 한 분이셨다. 그래서 보통 모임에서는 항상 구심점 역할을 하였으나 경제적으로 특별히 나을 것은 없었다. 오히려 인심 좋은 한량 기질로 가사에는 별 도움이 되지 못했다.

시골 농부들은 배움은 부족해도 농사는 잘 짓는다. 때가 되면 볍씨를 뿌리고 모내기를 하고 적당한 때 병충해 방지를 위한 약을 뿌리고 김매기 하고 물꼬를 조절하면서 벼가 잘 자라도록 돌본다.

이렇게 봄·여름을 바삐 보내고 나면 결실의 계절 가을에는 풍성한 수확의 기쁨을 맛보게 된다. 말하자면 시골 농부는 배움의 지식이 아니라 오랜 삶을 통해 터득한 지혜로서 매년 훌륭하게 농사를 지어내는 것이다.

나의 아버지를 이와 같은 농부에 비유할 수 있지 않나 싶다. 그러므로 경제적으로 물려준 재산은 없어도 내게 남긴 정신적 유산은 참으로 많다.

지금도 가장 기억나는 것 중 하나는 이웃집 아저씨 한 분이 인품도 훌륭하고 덕망있는 분이었으나 불의의 사고를 당하여 몸을 제대로 가누지 못하고 방안에서 누워서만 생활했는데, 어린 내가 돌보아 드린 일이다. 아저씨는 몸을 움직이지 못하므로 대소변도 제대로 처리하지 못하니 얼마나 답답하고 불편한 삶을 살았겠는가.

내가 초등학교 다닐 때였는데, 어느 날 아버지께서 나를 부르시더니 "앞으로는 학교에 다녀오면 하루에 한 번씩 그 아저씨 집을 꼭 방문하여 돌보아 드리고 심부름도 해드리라"고 말씀하셨다.

이제는 너도 컸으니 아버지가 해 오던 대로 아저씨를 돌보아 드려야 한다는 것이다. 당시 아버지는 '인간으로서의 마땅히 해야 할 바의 도리'를 몸소 실천해 보여주셨다.

나는 아버지의 엄명을 거역할 수 없어 그때부터 아저씨를 도와드리기 시작했는데, 아저씨는 어린 내가 기특하고 고마웠던지 대신 나에게 한문 공부를 가르쳐 주기도 하고, 앞으로 살아갈 날들에 대해서도 많은 것들을 얘기해 주셨다. 나는 호기심도 많아 아저씨에게 새로운 것을 배우는 것이 너무나 즐거웠다. 그래서 처음 시작과는 달리 나중에는 자발적으로 더욱 열심히 도와드리게 되었다.

그 시절 아저씨와 나와의 관계를 이론적으로 뭐라고 설명할 수는 없겠으나 돌이켜 생각해 보면 세상의 모든 일이 어느 한 편의 일방적인 희생과 봉사가 아니라 서로가 서로에게 기쁨과 도움을 주고받는다는 것, 몸이 아픈 사람도 누군가를 도울 수 있다는 것, 연약하고 병든 사람에게는 조그마한 도움이라도 주어야 한다는 것 등 '주는 것이 있어야 받는 것도 있다(Give And Take)'라는 사실을 그때부터 알게 된 것 같다.

아버지는 평소에도 내게 늘 이런저런 말씀을 많이 해주셨다. 지나가는 말로 할 때도 있었고, 식사 중 밥상머리에서 할 때도 있었으며, 어떤 때는 무릎을 꿇어 앉혀 놓고 일장 훈계를 하기도 했다. 고학년이 될수록 훈계 말씀도 점점 더 어려워져 무슨 말씀인지 몰라 나는 고개만 숙이고 앉아있던 적도 있었다.

아버지와 함께 ▲

그러나 아버지께서 늘상 하신 말씀의 요점은 '세상을 살아나갈 때 인간이 취해야 할 도리'와 같은 유교적인 말씀이었다.

'건강한 사람도 하루아침에 불의의 사고로 불구가 될 수 있고, 부자도 한순간에 몰락할 수가 있으며, 도덕군자도 구석으로 몰리면 도둑질도 하고 살인도 할 수가 있고, 아무리 착한 사람도 배가 고프면 남의 집 담을 넘게 된다'는 것 등이다.

그래서 '사람은 항상 무슨 일에나 최선을 다해야 하고 정직해야 하며, 많이 배워야 한다'는 것도 귀가 아프게 들은 말이다. 인간이란 그렇게 약한 존재이니 무슨 일이든지 교만하거나 자만하지 말고 항상 겸손한 마음으로 살아가야 한다. 몸이 병들고 아픈 아저씨를 잘 보살펴 드리는 것이 인간이 마땅히 취해야 할 도리이다. 내가 이웃집 아저씨와 교감하며 뭔가를 느낄 수 있었던 것은 아버지의 이런 가르침이 있었기에 가능했다.

그 이후로 내가 사회생활을 하면서 '성실하고 겸손하고 소탈하게 세상을 살려고 노력했던 것'은 그런 생각이 나의 잠재의식 속에 남아 있어 알게 모르게 작용했기 때문이었을 것이다. 이것이 아버지가 나에게 물려주신 가장 큰 정신적 유산이다.

하늘과 같았던 아버지가 여느 집 아버지처럼 평범한 어른으로 보이기 시작한 것은 고등학교 졸업 무렵부터다. 내가 덩치도 아버지만큼 커지고 나름대로 이론도 갖추었다고 생각해서였는지 아버지가 예전처럼 무섭지 않았다.

아버지에 대한 인상의 변화는 여기서 그치지 않는다. 나는 학창 시절 줄곧 객지 생활을 해왔기 때문에 가족들과 많이 떨어져 살았는데, 성인이 된 후 언젠가 고향에 내려가서 아버지를 뵙고는 깜짝 놀랐다. 젊고 활력이 넘치던 아버지의 당당했던 모습은 간데없고 힘없고 쓸쓸한 초로의 시골 노인이 되어가고 있었다. 그 후에도 가끔 집에 들를 때마다 점점 더 허약해져 가는 아버지를 대하며 가슴이 몹시 저려왔다.

더구나 나는 군대에 다녀오고 결혼하고 사회생활을 하면서는 고향 집을 방문하는 횟수가 점점 줄어들었다. 어려서부터 아버지의 가난을 면해드리는 것이 나의 소원 중 하나이기도 했었는데, 그것 하나 제대로 해결해 드리지 못하고 자주 찾아 뵙지도 못하는 신세가 되어버린 것이다.

그렇게 무심한 세월이 흐르는 사이 나도 1녀 2남의 아빠가 되었고, 나의 아버지는 점점 내게서 멀어져 가는 당신이 되어갔다. 그리고 이제는 보고 싶어도 뵐 수 없는 너무나 먼 곳에 계신다.

가끔 아버지와의 추억이 생각날 때면, 내 고향 진도가 함께 떠오른다. 아버지가 나에게 남긴 유산은 곧 진도가 내게 남겨 준 유산과도 거의 같은 것이기 때문이다.

문득 그립고 고맙고 아쉽고 죄송한 마음으로 나의 아버지를 떠올리는데, 갑자기 여귀산과 갯샘을 향한 고향 앞바다의 거대한 파도가 덮치듯 오버랩되어 밀려온다.

## 5. 나의 배우자

　천년 전 영국에서는 아내를 피스 위버(Peace weaver; 평화를 짜는 사람)이라고 불렀고, '좋은 아내를 얻는 것은 제2의 어머니를 갖는 것과 같다. 좋은 아내는 남편이 탄 배의 돛이 되어 그 남편을 항해시킨다.'는 속담이 있다.
　반면에 우리나라에는 '자식 자랑하는 사람은 반 미친ㅇ, 처 자랑하는 사람은 온 미친ㅇ'이라는 말과 '아내 자랑은 팔불출'이라는 말도 있다. 그 말 속에는 어느 누구에게나 '자기 가족은 늘 자랑하고 싶기 때문에 좀 자제하라'는 깊은 뜻이 담겨있을 것이다.

　그렇지만 나는 그동안 긴 세월 함께 살아 온 고마운 아내에 대해 한 말씀 하지 않을 수가 없다. 더군다나 자서전을 쓰는 마당에 아내에게 몇 페이지 할애하는 것도 도리가 아니겠는가.

나와 아내와는 만남은 좀 특별하다. 내가 군대 제대 후, 고교 교사이던 친구가 자기 반 학생의 가정교사로 소개해서 입주하게 되었는데, 그 댁의 맏딸이 지금의 내 아내임은 이미 밝힌 바 있다.

아내는 나와 동갑으로 광주여자고등학교와 조선대학교 여자대학을 졸업하고, 내가 어렵게 공부하던 학창 시절에 결혼하여 신혼 초부터 여러 가지 아르바이트를 해가며 나 대신 생활비를 벌면서 고시 공부한다는 남편을 뒷바라지했다. 그러나 그 시절 우리들은 힘들었으나 서로를 격려하고 사랑하며 즐겁게 생활했었다.

그리고 1978년 10월부터 서울 생활을 시작했고, 3남매를 낳아 키우면서 점점 안정된 가정을 꾸려갈 수 있었다.

50여 년 전 속리산 신혼여행 ▲

그런데 1982년경 나로선 좀 심각한 문제에 직면했다. 지금도 그때를 생각하면 아내에게 고맙고 미안한 마음을 어떻게 표현해야 할지 모르겠다.

당시 젊은 나이에 별세한 큰누나의 딸이 외가에서 자라며 초등학교를 졸업하자 이 조카를 계속 공부시켜 고등학교까지는 나오게 해야 하는데, 솔직히 내가 아니면 돌볼 사람이 없었다. 나는 아내와 상의하여 어린 조카를 우리 집으로 데려왔다.

사실 상의를 한 것이 아니라 어렸을 때부터 각별했던 나와 큰누나와의 관계를 이해시키며 거두어 달라고 읍소를 했고, 아내가 흔쾌히 수락한 것이다. 13평 주공아파트에 우리 식구 5명도 많은데, 여기에 중학생이 되는 조카를 데려와 함께 산다는 것은 대단한 인내가 필요했고, 이는 정말 아무나 할 수 있는 일이 아니었다.

그 당시를 생각하면 세상 사람들이 나를 '팔불출'이라고 놀리더라도 '나의 아내는 이 세상 누구와도 비교할 수 없는 나에게 가장 소중한 동반자이다'라고 당당히 자랑하고 싶다.

아내는 서울 생활 초기에는 비좁은 전세방에서 애들을 낳아 기르느라 고생도 참 많았다. 그때는 요즈음 같은 일회용 아기 기저귀도 없었고, 더구나 세탁기는 꿈도 꿀 수 없었다. 손으로 천 기저귀를 빨아 재사용하였고, 대부분 가정이 연탄불을 사용해서 한밤중에 일어나 연탄을 갈아야 하는 경우도 많았다.

가정용 전화기도 없던 시절이어서 누구와 안부 전화는커녕 내가 출근한 후에는 아무런 소통도 할 수 없었고, 설사 내가 집에 들어오지 못하더라도 연락할 방법이 없었다. 늦게라도 집에 들어오면 그때야 비로소 서로의 소식을 알게 되었다.

그런 속에서도 나는 다소 활달하고 누구와도 잘 어울리는 성격으로 여러 가지 개인 취미생활과 회사 분위기에 편승한 잦은 술자리 등으로 늦은 귀가가 많았다. 그럴 때마다 "이렇게 집안일에는 등한시할 수가 있느냐?"고 아내가 따지기라도 하면 나는 "뭔 소리를 하는 거냐?"고 하면서 그동안의 아내 공은 까맣게 잊어버리고 나의 자존심만 생각해 큰 소리치지 않았나 하는 생각도 든다.

사실 이 문제는 지금도 아내가 나를 공격할 때마다 등장하는 단골 메뉴이자 나의 아킬레스건이기도 하다. 그동안 나는 '아내의 일방적인 주장'이라고 맞서곤 해 왔지만, 이제는 이번 기회에 정식으로 사과해야겠다.

그래도 한편으로 그나마 다행이었던 것은 내가 회사의 중견간부가 되면서부터는 비교적 경제적으로 안정이 되자, 아내도 나름대로 점점 자기의 시간을 가질 수 있게 되었다는 점이다.

아이들도 어느 정도 성장해 가면서 조금씩 여유가 생긴 아내는 학창시절부터 즐겨 듣던 클래식 음악 감상, 영화, 연극, 오페라 관람 등 예술 분야에 심취하기 시작했다. 처음에는 자기 혼자 쫓아다녔으나 언제부턴가 나를 대동하기 시작했다.

이는 평소에 놀기 좋아하고 직장에서도 경륜이 쌓이면서 여유가 생겨 바둑, 운동, 등산 등 직장 동료들과 정신없이 어울려 다니는 나에게 균형감각을 같게 해준 슬기로운 처사로서 지금도 늘 감사하게 생각하고 있다.

한편, 아내가 내게 특별히 고마워하는 것도 몇 가지 있기는 하다.

여행을 좋아했던 아내는 1년간의 미시간대학 연수 생활 중 미국 각지를 여행했던 점, 그동안 함께 국내외 여행을 수없이 다닌 점, 자기 혼자만의 유럽, 호주 등을 관광하며 많은 추억을 쌓을 수 있게 해준 점, 그리고 나의 은퇴 후 고향에 내려가서 생전 처음 전원생활을 맛보게 해준 점 등은 고마웠다고 하며, 그런 것들이 자신의 인생에 있어서 가장 기억에 남은 추억들이라고 늘 말하곤 한다.

그랜드 캐니언 ▲

싱가포르 주롱 새공원 ▲

샌프란시스코 물개 공원 ▲

백두산 정상 ▲

그리고 귀향해서 진도에 살 때 진도문화원에서 근무했던 5년이 참으로 값진 시간이었다는 말도 빼놓지 않는다.

또한, 진도에서 텃밭을 일구어 각종 작물을 재배하고, 온 산천에 가득한 고사리 두릅 등 산나물을 채취하고, 바닷가에서의 조개잡이 등 고향이 아니었다면 결코 경험해 볼 수 없는 값진 일들이었다고 얘기할 때는 나의 어깨가 한참 올라갔다.

지금은 동탄 신도시로 이사 와서 예전부터 심취했던 음악 감상과 각종 예술 공연도 관람하고, 새롭게 사주 명리학을 배우며 그 속에 깊숙이 빠져들고 있다. 물론 나이가 있어 옛날처럼 열정적이지는 못 하지만, 손자들을 돌보기도 하면서 조용히 지내고 있다.

그리고 시간과 건강이 허락한다면 지금껏 가보지 못한 세계 여러 나라를 여행하면서 여생을 마무리하고 싶다고 한다.

우리가 너무 오랜 세월 함께 살아서일까. 평소 사이좋게 지내다가도 아내는 나를 보면 가끔 심사가 뒤틀릴 때가 있는 것 같다. 그럴 때면 내게 푸념을 한 바가지씩 퍼붓는다. '아이들이 한참 자랄 그 힘든 시절에 집안일을 모두 자기에게 다 맡기고 나만 혼자만 밖으로 나돌면서 세상 재미 다 보고 살았다'고 말이다.

나도 이제 늙었나 보다. 옛날에 이런 소리를 들었다면 "그때는 나만 그런 게 아니고, 가부장 제도가 어떻고…"하면서 목소리를 높여 한참 변명하였을 것 같은데 그러고 싶지가 않다.

'아직도 힘이 남아돌아 팔팔하니까 저렇게 큰소리치지만 이제 점점 나이가 더 들어가면서 힘이 빠져 저런 잔소리도 할 수 없게 될 텐데, 그러면 어쩌지?'라고 생각하니 짠한 마음이 들기도 한다.

　이제는 자식들도 모두 다 출가하였고, 우리들이 그랬던 것처럼 자기들의 인생을 살아갈 것이다. 그러므로 우리 부부도 언제일지는 모르나 이 세상을 하직하는 그날까지 두 손을 꼭 맞잡고 함께 걸어가자고 다짐해 본다.
　끝으로 이 기회에 아내에게 꼭 한마디 해주고 싶다.

　"여보! 그저 미안하고 고맙소! 늘 사랑하오!"

우리 부부 합동 고희연 ▲

# 6. 사랑하는 보물들에게

이 세상에서 가장 사랑하는 나의 자녀들과 사위·며느리들, 그리고 그보다 더 사랑스러운 손주들(운호, 운서, 아인, 채원, 영유)에게 몇 마디를 당부하고 싶어 무슨 말을 해야 할까 고심하는데 문득 나의 부모님이 생각났다.

세월이 흐르면 너희들도 나처럼 부모가 생각날 때가 있겠지. 그럴 때면 이 책을 보면서 이 아비의 말도 한 번쯤 되새겨 보려무나.

마냥 귀엽고 사랑스러운 어린애일 것만 같던 너희들이 어느새 성인이 되어 새 가정을 꾸리고 열심히 세상을 살아가고 있는데, 내가 무슨 할 말이 더 있겠느냐마는 구순의 부모가 환갑인 자식이 외출하려고 하면 "얘야, 차 조심해라!"라고 말한다지 않더냐. 나도 그런 심정으로 너희들에게 몇 마디 당부의 말을 해보련다.

맨 먼저 하고 싶은 말은 '너희들 모두가 각자 이 사회에 뭔가 유익한 사람이 되어야 한다'는 것이다. 유익한 사람이 되라는 것은 누군가가 도움이 필요할 때 그 도움을 줄 수 있는 사람이 되라는 말이다. 그러기 위해서는 무엇보다도 먼저 그럴만한 능력이 있어야 한다.

능력이란 '사람으로서 마땅히 갖추어야 할 훌륭한 인품과 실력, 그리고 이를 실천할 수 있는 의지'를 의미한다. 인품과 실력 그리고 실천 의지를 갖춘 사람이 된다는 것은 쉬운 일이 아니다. 어려서부터 그렇게 성장할 수 있는 환경이 조성되어야 한다. 그러고 보니 이는 청소년이 될 손주들에게 더 합당한 얘기일 것 같기도 하다.

인간으로서 마땅히 지켜야 할 도리인 오상五常 즉, 인의예지신仁義禮智信을 바탕으로 지덕체智德體를 겸비한 사람이 될 수 있도록 자신을 단련하고, 사회의 어두운 곳을 밝혀주는 등불이 되어 타인으로부터 인정받고 존경받는 사람이 되겠다는 큰 야망(Great Ambicious)을 품고, 그럴만한 역량과 실력을 갖추기 위해서는 학창 시절 열심히 공부해야 한다.

그리고 성인이 되어서도 새로운 시대의 흐름에 뒤떨어지지 않도록 노력하고 동참하여 전문적인 지식을 겸비해야 한다.

여기서 하나 명심할 것은 이런 학습과 노력이 스트레스가 되어서는 안 된다는 점이다. 인간은 저마다 타고난 성향이 달라 무엇이나 다 잘할 수는 없는 법이다. 따라서 자기가 이룬 소기의 성과에 대해 자기만족을 얻고, 결과에 연연하지 않는 것이 가장 중요하다.

다만, 모두 다 잘할 수는 없더라도 최선을 다할 수는 있으므로 그렇게 해야 한다. 그래야 후회 없는 삶을 살아갈 수 있다. '최선을 다한다'는 것은 평생 실천해야 할 덕목이다.

두 번째는 인생을 살아가면서 어떤 어려움에 직면하더라도 오뚝이처럼 다시 우뚝 일어서는 사람이 되라는 것이다. 인생에 있어서 중요한 것은 실패하지 않는 것이 아니라, 실패를 하더라도 좌절하지 않고 다시 일어서려는 마음가짐에 있다.

세상을 살다 보면 좋은 일과 나쁜 일, 기쁨과 슬픔, 행복과 불행 등 수많은 일을 경험하게 되는데, 가장 큰 문제는 어떤 일이 자신이 추구하는 목표와는 정반대로 진행되어 어렵고 힘든 절망의 시기에 직면할 때이다. 그런 일이 없으면 더없이 좋겠지만 설사 그런 상황이 발생하더라도 꿈과 희망을 버리지 말고 끝까지 최선을 다해야 한다.

'인생이라는 길을 걷다가 돌에 넘어지면 걸림돌이 되겠지만 그 돌을 딛고 일어서면 디딤돌이요 주춧돌이다'라는 말이 있는데 이 말은 생각할수록 명언이다. 마음에 꼭 새겨 두면 좋겠다.

또한, 영과후진[01]이라는 옛 성현의 말씀을 되새기며 함부로 나가지 말고, 힘을 비축하는 시기로 삼고, 차분히 그 상황을 겪어내며 잠시 쉬었다가 새로운 길을 찾아 나서는 것도 하나의 방법이다.

세 번째는 가족과 형제자매간에 어떤 일이 있더라도 서로 화목 하라는 것이다. 과거 우리 선조는 대소가大小家가 함께 모여 살아 크고

---

01 영과후진(盈科後進); 맹자(孟子)의 물의 철학으로 '물은 흐르다 웅덩이를 만나면 반드시 가득 채우고 다시 흐른다'라는 말로 '기본적인 것을 먼저 한 뒤에 다음으로 나아간다'는 뜻

작은 갈등이 끊이지 않았다. 그러나 요즈음 같은 저출산 시대에는 크게 문제가 되지는 않겠으나, 그래도 세상을 살아가다 보면 이런저런 일이 생기기 마련인데, 도울 일이 있을 때는 돕고 이해가 겹치면 서로 양보하며 살아가기를 바란다.

끝으로 젊어서부터 건강에 각별히 유념하고 그에 걸맞은 습관을 생활화하라고 말하고 싶다. 나는 살아오면서 '가족 중의 한 사람이 건강을 잃음으로써 온 가족이 비탄에 빠지고 불행해지는 것'을 많이 보아왔다. 항상 건강에 유념하기를 다시 한번 당부한다.

이 글을 쓰다 보니 하고 싶은 말은 너무나 많지만 여기에서 멈추려 한다. 더 좋고 교훈이 되는 이야기는 너희들이 직접 경험하여 그것을 너희 자식들에게 전해 주기 바란다.

망중한, 2024년 ▲

## 에필로그

생전 처음 차곡차곡 쌓인 가슴속의 서랍을 열어 나의 생애를 책으로 만들고 나니 감회가 새롭다.

솔직히 '자서전 쓰기'란 어떤 면에서는 필요 이상으로 나의 민낯이 드러나 난감할 수도 있어 쉬운 결정이 아니었다. 그리고 '평범한 시민으로 살아온 내가 자서전은 무슨?' 이러면서 망설였다.

그렇지만 서두에 언급한 대로 '기록이 역사다'라는 관점에서 나의 일생을 되돌아보고 정리해 보는 것도 의미 있는 일일것 같아 고민 끝에 결단을 내렸다.

그런데 원고를 쓰다 보니 개인적 신변잡기만을 늘어놓은 것 같기도 하고, 어떤 것은 사실을 잘못 기술하여 본의 아니게 누군가에게 피해를 줄 수도 있겠다는 생각도 들어 또다시 주저하기도 하였다.

이런 과정을 몇 번 겪으면서 최선을 다해보자는 일념으로 글을 썼고, 이제 한 권의 책으로 결실을 맺게 되었다.

나도 나이가 들긴 들었나 보다. 세월은 유수와 같다더니 한평생이 눈 깜짝할 사이 한순간에 지나가 버린 것 같다.

어린 자녀들과 함께 웃고 떠들며 뒹굴던 시절이 눈에 선하고, 애들이 성장하면서는 학교 시험 성적 하나하나에 일희일비하던 때가 엊그제 같은데, 어느새 그들도 성인이 되어 짝을 이루고 새 가정을 꾸렸다. 그렇게 자식들이 각각 뿔뿔이 독립해 나가고 나니 집에는 노부부만 남았다.

이제 머지않아 우리도 늙고 병들어 육신은 쇠잔해지고, 앞서거니 뒤서거니 하면서 이 세상을 떠나게 될 것이다.

그런데도 이런 현실을 실감하지 못한 채 아직도 그저 붙들고 있는 것들이 한둘이 아니다. 그래서 나이가 들면 모든 것을 내려놓을 줄 알아야 한다고 하는가 보다.

사실 나의 손때가 묻은 작고 보잘것없는 물건 하나에도 무수한 정이 들어 애착이 가는데, 그것들을 치우는 것이 그리 쉬운 일이겠는가만은 지금부터라도 내 주변에서부터 인생의 마지막 정리를 충실히 하리라 다짐해 본다.

끝으로 중구난방인 나의 이야기를 마치면서, 본문에 거명된 선배님들에게는 극존칭을 지양하고 당시의 직책을, 그리고 친구, 동료, 후배들은 성(명)만을 사용하였음을 밝힌다.

그리고 글의 내용 중 사실관계나 통계, 연도, 지명, 인명과 띄어쓰기 등에 오류가 있을 수도 있고, 혹여 어느 분에게는 불편을 끼쳐드린 점이 있을 수 있는바, 이는 모두가 저의 불찰이고 부덕의 소치이니 널리 양해해 주시길 바랄 뿐이다.

아울러 이 졸서拙書가 무난히 출간될 수 있도록 도움을 주신 분들, 특히 표지와 삽화를 그려주신 건축사 고창석님, 교정과 편집에 많은 조언을 해주신 친구 김창주님에게도 깊은 감사의 말씀을 드린다.

耳亭 尹波基